336526
34€

Thomas Meyer
Ichkraft und Hellsichtigkeit

In memoriam D.N. Dunlop

Thomas Meyer

Ichkraft und Hellsichtigkeit

Der Tao-Impuls
in Vergangenheit und Zukunft

Perseus Verlag Basel

Erstmals erschienen 1988 bei der
Pegasus Verlagsbuchhandlung, Basel
2., ergänzte Auflage Juli 2003
© Perseus Verlag Basel

Herstellung: Freiburger Graphische Betriebe, Freiburg
ISBN 3-907564-36-7
Korrektorat: Urs Meyer-Hala, Jávea

Das Titelbild (*Tao-Kreuz von Killinaboy, Irland*)
wurde freundlicherweise von Erica Muller, Arlesheim,
zur Verfügung gestellt.

Inhalt

Vorwort zur 2. Auflage 7
Vorwort zur 1. Auflage 9

1. Einführung 13
2. Atlantisches Tao-Erleben 17
3. Aus dem Tao geborenes Ich 22
4. Untergang des Schauens –
   Aufgang des Denkens 27
5. Skythianos und die «Bewahrung»
   atlantischer Hellsichtigkeit im Westen ... 33
6. Skythianos und die Mysterien Hybernias ... 37
7. Der «große» Westen und die Bewahrung
   atlantischen Tao-Erlebens 46
8. Zwei welthistorische Tao-Karikaturen ... 51
9. D.N. Dunlop und die Tao-Strömung
   des «großen» Westens 56
10. Innere Verbindung zwischen dem
    «kleinen» und dem «großen» Westen ... 64
11. Ein Tao-Erlebnis im 20. Jahrhundert 69
12. Vom Tao-Empfinden bei Goethe 78
13. *Die Philosophie der Freiheit*
    als Weg zum zeitgemäßen Tao-Erleben .. 84
14. Tao und die Technik der Zukunft 101
15. Vom ahrimanischen Angriff auf das
    Tao-Potential des Westens 106
16. Ausklang 118

Anmerkungen und Hinweise 128

Tao-Kreuz von Killinaboy, Irland (heute in Corofin, Co. Clare)
© Arnold Hintze, entnommen dem Buch
Hans Gsänger, *Irland, Insel des Abel*. Freiburg 1969, ²2003

Vorwort zur 2. Auflage

Die vorliegende kleine Tao-Schrift war seit vielen Jahren vergriffen. Die von verschiedener Seite immer wieder gewünschte und nunmehr realisierte Neuauflage blieb im Wesentlichen unverändert. Nur an wenigen Stellen wurden geringfügige Korrekturen und eine Reihe kleiner Ergänzungen vorgenommen.

Im Zusammenhang mit dem Kapitel «Tao und die Technik der Zukunft» möchte ich auf das zeitgleich mit vorliegender Schrift in dritter Auflage erscheinende Buch *Ein Leben für den Geist – Ehrenfried Pfeiffer (1899-1961)* hinweisen, das u.a. Pfeiffers bis dahin unveröffentlichte Autobiographie enthält. Ehrenfried Pfeiffer gehörte zu den wenigen Menschen, die von Rudolf Steiner in die Prinzipien einer künftigen Äthertechnik eingeweiht worden waren.

Auch wurde in der Monatsschrift *Der Europäer* eine Reihe von Aufsätzen verschiedener Verfasser zur Keely-Technik und zum «Strader-Motor» veröffentlicht (Jg. 1, Nr. 6 und Jg. 7, Nr. 5ff.). Angesichts des immer verheerender gewordenen Krieges um Öl kommt der Gewinnung einer die fossilen Ressourcen ersetzenden

Ätherenergie, wie sie mit der Strader-Technik intendiert ist, für die nächste Zukunft eine erhöhte Bedeutung zu; nicht zuletzt, weil sich eine solche künftige Energiequelle – als immer wichtiger werdende Grundlage der Weltwirtschaft von morgen – nicht ohne weiteres durch kriegerische Mittel in die Gewalt verhältnismäßig kleiner Mächtegruppen bringen lassen wird.

Das Erscheinen dieses kleinen Buches in neuer Auflage und in neuem Gewand ist einer Persönlichkeit zu verdanken, die nicht genannt zu werden wünscht.

Thomas Meyer
Basel, am 18. März 2003

Vorwort zur 1. Auflage

Nach dem Tode von D.N. Dunlop im Mai 1935 hielt Ita Wegman mit folgenden Worten den Eindruck fest, den das Antlitz des Verstorbenen auf sie machte. «Dies Antlitz war wie eine Offenbarung. Es war, als ertönte von seinem Haupte her das Wort TAO, und ein Bild erschien, als gehöre dies Antlitz zu einem Menschen, der den Offenbarungen des Großen Geistes lauschte, der eins zu sein schien mit allem, was sich hinter der Natur verbirgt.» Diese Worte erwiesen sich in zunehmendem Maße als wichtiger Schlüssel zum Verständnis von Dunlops ganzem Wesen und Streben. Sie bildeten zugleich den Ausgangspunkt für das Entstehen der vorliegenden Schrift.

Der Verfasser versuchte das Tao-Motiv, das sich nach der Arbeit am Lebensbild von D.N. Dunlop gewissermaßen zu verselbständigen und auszuweiten begann, im Hinblick auf eine Vortragsreihe im Rahmen der Buchhandlung Pegasus weiter zu vertiefen und sah sich veranlasst, dabei die große, aber auch innerhalb der anthroposophischen Bewegung wenig beachtete Eingeweihtenindividualität des Skythianos mehr und mehr zu berücksichtigen. Rudolf Steiner hat über diesen Menschheitsführer nur spärliche, aber gewichtige Äußerungen gemacht, die zunächst allerdings mehr zu verbergen als zu offenbaren scheinen.

Nicht nur Rudolf Steiners Hinweise zum Tao, auch zentrale Ergebnisse seiner spirituellen Geschichtsforschung bildeten neben seiner *Philosophie der Freiheit* die unabdingbaren Grundlagen zur Ausarbeitung dieser Schrift. Da sie ein Thema behandelt, das in anthroposophischen Kreisen, wie es scheint, bisher nur wenig berührt worden ist, obwohl heute in zunehmendem Maße verschiedenartigste Tao-Publikationen an die Öffentlichkeit treten, wurde Rudolf Steiner mit voller Absicht des öfteren im Wortlaut angeführt. Dies mag nicht nur den mit Steiners Werk weniger vertrauten Leser leichter «in medias res» führen; es sollte durch dieses Verfahren auch deutlich gemacht werden, dass Steiners Ausführungen zum Tao – wie im Übrigen auch zu vielen anderen scheinbar peripheren Fragekreisen – durchaus kein systematisch geschlossenes Ganzes bilden. Darin drückt sich wohl nicht nur der Zeitmangel des Geistesforschers zu allseitiger Ausarbeitung der von ihm behandelten Themen aus, sondern auch ein gut Teil pädagogischer Absicht: kann sich doch der

Leser gerade durch das Fragmentarische und sich scheinbar Widersprechende mancher Einzeläußerungen Rudolf Steiners dazu angeregt fühlen, solche Äußerungen in selbsttätiger Weise durch den resoluten Gebrauch seines gesunden Menschenverstandes in einen Gesamtzusammenhang zu bringen, der ihnen zunächst scheinbar fehlt und dessen Fehlen manches Einzelne als schwer oder gar unverständlich erscheinen lassen kann.

So möchte die vorliegende Schrift Rudolf Steiners Tao-Äußerungen in ein umfassendes Licht stellen, das ihren inneren Zusammenhang zur Erscheinung bringen kann. Ein solches Licht kann aus der anthroposophisch orientierten Betrachtung der menschlichen Bewusstseinsentwicklung gewonnen werden, welche sich, in großen Zügen betrachtet, in drei Phasen gliedern lässt. Auf die Phase des alten, dämmerhaften Hellsehens, wie es noch dem atlantischen Menschen eigen war, folgt die Zeit der vollbewussten *Gedanken*bildung, während wir heute bereits in der Morgenröte einer neuen Hellsichtigkeit stehen, die jedoch, wenn sie wirklich neu sein will, voll und ganz auf den Erreichnissen der zweiten Phase der Bewusstseinsentwicklung beruhen muss. Unsere Darstellung möchte erweisen, wie im «Tao» ein alle drei Phasen umgreifendes und sie in ihrem gegenseitigen Verhältnis regulierendes Prinzip entdeckt werden kann.

Zu diesem Ziele musste sich der Verfasser erlauben, aus manchen kurzen Angaben Rudolf Steiners bestimmte weiter reichende Konsequenzen zu ziehen, so etwa in Bezug auf den von Steiner gekennzeichneten «Taoismus» bei Goethe und dessen zeitgemäße Ausgestaltung in der *Philosophie der Freiheit*.

Und schließlich wurde versucht, das geistig-reale Kampffeld aufzuzeigen, auf welchem sich die heutige Auseinandersetzung um das Tao bewegt. Es handelt sich bei dieser Auseinandersetzung nicht um eine periphere Weltanschauungsangelegenheit für literarische oder kulturgeschichtliche Spaziergänger, sondern letztlich um eine zentrale und deshalb auch im höchsten Maße perversionsbedrohte Menschheitssache. Denn in intimster Weise ist das Tao mit dem Ursprung, dem Sinn und dem Ziel der menschlichen Ich-Werdung verknüpft.

Basel, 4. März 1988

1. EINFÜHRUNG

*Ein tiefer, verborgener Seelengrund
und eine erhabene Zukunft
zugleich bedeutet TAO.*

Rudolf Steiner

«Alles Seiende ist, war oder wird *Mensch*.»[1] Dieser Kernsatz des Okkultismus kann uns in provisorischer Weise die Tragweite erahnen lassen, die mit dem Tao-Impuls verbunden ist, denn er ist ein Entwicklungsimpuls umfassendster Art. Einst tönte dem Menschen der alten Atlantis aus allem das Tao entgegen; dann schien es in der nachatlantischen Zeit bis zur Unhörbarkeit zu verklingen; doch künftig wird es wieder zu vernehmen sein, in neuer Art: durch den Menschen selbst ertönend.

Was haben wir bei dem rätselhaften Tao-Laut zu denken, zu empfinden, ja vielleicht auch zu wollen? Begnügen wir uns zunächst mit der Feststellung, dass er in unserem deutschen Wort «Tau» nachklingt. Das ist nicht nur eine zufällige Lautübereinstimmung; wir haben es mit einem tiefen Sinnzusammenhang zu tun, der später zu erörtern sein wird.

Tao wurde ursprünglich von Menschen erlebt, deren Umgebung, deren Bewusstseinsverfassung und deren Seelenerlebnisse mit den entsprechenden heutigen Verhältnissen nur schwer vergleichbar scheinen. Dennoch lässt sich zwischen dem einstigen Tao-Erleben und der Erlebnisart des modernen Menschen eine gemeinsame Ebene finden. Fassen wir zunächst einmal die hauptsächlichen Merkmale dieser heutigen Erlebnisart und Bewusstseinsverfassung näher ins Auge.

Wie erleben wir im heutigen Tagesbewusstsein die Welt? «Wir stellen uns als ein selbständiges Wesen der Welt gegenüber. Das Universum erscheint uns in den zwei Gegensätzen: *Ich* und *Welt*.» Mit diesen Sätzen charakterisiert Rudolf Steiner im 2. Kapitel seiner *Philosophie der Freiheit*[2] den Grundzug der modernen Bewusstseinsverfassung. Er nennt sie auch «Gegenstandsbewusstsein». Das bewusste Ich sieht sich der Welt der Gegenstände (und zwar nicht etwa nur solchen rein materieller, äußerer Art) gegenübergestellt; es hat einerseits ein Objekts- oder eben Gegenstandsbewusstsein, andererseits ein Subjekts- oder Selbstbewusstsein.

Dies ist der Grundgegensatz innerhalb der modernen Bewusstseinsverfassung. Doch er ist ## 1. Einführung

kein absoluter, das heißt das *ganze* menschliche Wesen bestimmender. Denn das tiefer liegende *Gefühl*, das allerdings um einen Grad dumpfer ist als das normale Tagesbewusstsein, «weiß» es noch anders, und auf diesen Gefühlstatbestand wird im selben Kapitel der *Philosophie der Freiheit* ebenfalls hingewiesen: «Niemals verlieren wir das *Gefühl*, dass wir doch zur Welt gehören, dass ein Band besteht, das uns mit ihr verbindet, dass wir nicht ein Wesen *außerhalb*, sondern innerhalb des Universums sind.»

Das hiermit gekennzeichnete Einheitsgefühl «erzeugt das Streben, den Gegensatz zu überbrücken». Auf drei Gebieten äußert sich dieses Streben: in der Religion, in der Kunst und in der Wissenschaft. Die *wissenschaftliche* Befriedigung dieses Einheitsstrebens ist vor allem an die Betätigung des Erkenntnistriebes gebunden. Durch die Realisierung der Erkenntnistätigkeit wird das moderne Bewusstsein ein *denkendes* Bewusstsein, und werden die durch das Denken gebildeten Ideen und Begriffe auf die Gegenstände der Welt bezogen, so heißt das nichts anderes, als dass wir den jeweiligen «Weltinhalt» zu unserem «Gedankeninhalt» machen. Inwiefern das moderne denkende und erkennende Bewusstsein dadurch den Zusammenhang zwischen Ich und Welt, aus dem es sich selbst gelöst hat, tatsächlich wieder herstellen kann, soll im 13. Kapitel näher gezeigt werden.

Ist der Bewusstseinsdualismus Ich/Welt für uns Moderne die Haupttriebfeder aller unserer religiösen, künstlerischen und wissenschaftlichen Betätigungen, so haben wir in dem zunächst weniger bewussten Einheits*gefühl* den Grundzug eines atlantischen Seelenerlebens zu suchen. Ich und Welt bildeten noch nicht den scharfen Gegensatz, wie er uns heute auf der Ebene unseres Wachbewusstseins erscheint.

2. ATLANTISCHES TAO-ERLEBEN

Wenn der Atlantier von seinem Großen Geiste sprach, so drückte er das aus [...] in dem Worte Tao.[23]
Rudolf Steiner

Wie sah es in der Welt der alten Atlantis aus, und wie war das Seelenleben eines Menschen beschaffen, der sich auf dem vor rund zwölftausend Jahren versunkenen Kontinent entwickelte?[3]

Das einstige Atlantis befand sich zwischen Afrika und Westeuropa und wird heute von den Fluten des Atlantischen Ozeans zugedeckt. Die atlantische Lufthülle war viel dichter als die heutige Luft, das Wasser andererseits viel dünner. Ein Land dichten, wassergesättigten Nebels «betreten» wir: denn kein hartes Gestein findet unser imaginärer Fuß in den frühen atlantischen Zeiten. Auch das menschliche Skelett besteht noch nicht aus knochiger, sondern aus bildsamer knorpeliger Substanz. Überhaupt ist die Bildung der Menschengestalt noch im Werden, und erst nach der Mitte der atlantischen Zeit beginnt sie sich zur heutigen Form zu konsolidieren. Begierden, moralische Tugenden usw. wirkten in den frühen atlantischen Zeiten noch unmittelbar gestaltbildend. Niedere Seeleneigenschaften hatten riesenhaftes Anwachsen der mit diesen Eigenschaften verknüpften Leibesglieder zur Folge; höher stehende Eigenschaften bewirkten eine Verkleinerung der ganzen Leibesgestalt.

Von «Niflheim» spricht die *Edda* in Erinnerung an das atlantische «Nebelland». Eingetaucht in diese Nebelatmosphäre erschienen dem Atlantier, insofern er allmählich anfing, äußere Sinneseindrücke zu empfangen, die Dinge seiner Umgebung, verschwommen im Umriss dem äußeren Auge, das erst auf dem Wege war, sich zur heutigen Form herauszukristallisieren. Kein Bewusstsein scharf konturierter Gegenstände, mit anderen Worten: kein Gegenstandsbewusstsein im heutigen Sinne war im atlantischen Menschen schon voll entwickelt; erst im Laufe langer Zeiträume bildete es sich zu seiner heutigen Form heraus.

Wie also war der zunächst dominante Bewusstseinszustand des atlantischen Menschen geartet? Der Atlantier lebte in einem *Bilder*bewusstsein, dem noch der Charakter der Hellsichtigkeit eignete, das heißt, dem noch übersinnliche Wesenheiten und Vorgänge zugänglich waren. In einem für unser Thema sehr wichtigen Vortrag aus dem Jahre 1905[4] gibt Rudolf Steiner von diesem atlantischen Bewusstsein die folgende Charakteristik: «Heute strebt der Mensch» – auf der Grundlage des voll ausgebildeten Gegenstandsbewusstseins – «danach, möglichst genau Gedanken und Vorstellungen von der Umwelt zu bilden. Der Urmensch dagegen bildete sich symbolische, sinnbildliche Vorstellungen, welche [...] voller Leben erschienen.»

Es ist wichtig zu beachten, dass dem Atlantier seine Bildvorstellungen lebensdurchsättigt erschienen. Dieser Umstand hängt damit zusammen, dass sich der Ätherleib und vor allem dessen Kopfteil erst in relativ später atlantischer Zeit in den physischen Leib respektive Kopf völlig hineinsenkte. Als Träger der Lebenskräfte wie auch des Gedächtnisses stand dieses Wesensglied noch viel inniger mit dem Astralleib als dem Träger der Bewusstseinserscheinungen in Verbindung. Deshalb waren die Bewusstseinsvorgänge im konkreten Sinne des Wortes noch viel lebendiger als heute, und auf der anderen Seite konnten diese Bewusstseinserlebnisse auch viel besser vom Gedächtnis bewahrt werden. Bis in die spezifische Form der atlantischen Technik hinein wirkte sich der noch engere Zusammenhang von Ätherleib und Astralleib aus: das lebensvolle Bilderbewusstsein konnte auch die Lebenskräfte in Pflanze und Tier in seinen Dienst stellen. So spricht Rudolf Steiner in solchem Zusammenhang etwa von in geringer Höhe über dem Boden schwebenden Fahrzeugen, die in dieser Art angetrieben wurden.

Doch folgen wir seiner Charakterisierung dieses Bilderbewusstseins noch etwas weiter:

«Wenn Sie heute einem Menschen gegenübertreten, dann versuchen Sie, sich vor allen Dingen einen Begriff davon zu machen, ob es ein guter oder böser, ein gescheiter oder ein dummer Mensch ist, und Sie versuchen einen Begriff zu bekommen, der in möglichst trockener Art dem äußeren Menschen entspricht. Das war nie der Fall bei dem Urmenschen der Atlantis. Ihm stieg ein Bild auf, nicht ein Verstandesbegriff. Trat er einem bösen Menschen gegenüber, so stieg ihm ein Bild auf, das dumpf und finster war. Die Wahrnehmung wurde aber nicht zu einem Begriff. Gleichwohl richtete er sich, benahm er sich nach diesem Bilde. Wenn er ein helles, schönes Bild vor sich hatte, das ihm traumhaft vor seiner Seele stand, dann wusste er, dass er Vertrauen schöpfen konnte zu einem solchen Wesen. Und er bekam Furcht vor einem Bilde, wenn es in schwarzen, roten oder braunen Farben in ihm aufstieg.»

2. Atlantisches Tao-Erleben

Aber nicht nur von den äußeren Gegenständen der physischen Umgebung oder von den atlantischen Mitmenschen kündete dieses lebensgesättigte Bilderbewusstsein; seine Bewusstseinsbilder erschienen dem Atlantier zugleich auch durchatmet von der Präsenz einer mächtigen Gottheit. Gerade dieser zweite Aspekt des atlantischen Bilderbewusstseins kann uns an das Geheimnis des alten Tao-Erlebens heranführen. Denn der Atlantier «fühlte so, als ob die in diesen Bildern wirkende Gottheit *in ihm selber* wäre. Er sprach von der Gottheit, die sich im Windeswehen ankündigte, im Waldesrauschen und auch in den Bildern des inneren Seelenlebens, wenn es ihn drängte, zu einer erhabenen Menschheitszukunft hinaufzuschauen. Und das nannte er Tao.»

3. AUS DEM TAO GEBORENES ICH

Nicht als vom Verstande erarbeiteter Begriff, sondern, wie Rudolf Steiner sagt, als «Eingebung» ging dem atlantischen Bilderbewusstsein die Wahrheit über dieses oder jenes sinnliche oder übersinnliche Wesen auf. Und als tao-eingegeben wurden solche Wahrheiten erlebt.

Was erlebte, so können wir hier fragen, der Atlantier als die *bedeutendste* Tao-«Eingebung», als das alles andere an Bedeutung überragende Tao-Geschenk? Während auf dem alten Saturn, der ersten planetarischen Verkörperung unseres Evolutionszyklus[5], die erste Anlage des physischen Leibes des Menschen, auf der alten Sonne jene des Ätherleibes und auf dem alten Mond die des Astralleibes gebildet wurden, ist die Evolutionsphase der Erdentwicklung die eigentliche Phase der Ich-Werdung des Menschen.[5] Einen Doppelaspekt müssen wir am menschlichen Ich unterscheiden: Kein Mensch hat sein Ich-Wesen selbst gemacht: von höheren Wesenheiten ist es ihm verliehen worden. Dafür aber, dass sich das Göttergeschenk des Ich in allen menschlichen Betätigungen immer stärker und immer reiner *manifestiert*, hat der Mensch im Laufe seiner Entwicklung selbst zu sorgen.

Erst aber musste in der lemurischen und im Laufe der atlantischen Zeit dieses Ich stufenweise in die Hüllen des Astralleibes und des Ätherleibes herabgesenkt werden, bis es in der zweiten Hälfte der atlantischen Zeit endlich auch im physischen Leibe angekommen war. In den beiden letzten Stufen der Ich-Einsenkung in den ätherischen und den physischen Leib haben wir die bedeutendste Tao-«Eingebung» des atlantischen Menschen zu sehen.

Tao-durchklungen – so erlebte Atlantis durch Jahrtausende hindurch die beiden letzten Stufen der Einsenkung des tao-geschenkten Ich in die Hüllen des Ätherleibes und des physischen Leibes. Tao – so tönt es, Jahrtausende lang, und wie im Echo formt sich die Leibesgestalt. Denn ich-angepasst muss sie werden. Und wie aus dem Tao-Klang geboren senken sich Iche, Jahrtausende lang, in nunmehr geformte Leiber, ähnlich wie wir sie heute haben.

Fester tritt allmählich der gestaltete Fuß auf härtere Erde. Sie selbst, die tao-durchklungene Mutter – noch nicht die geist-lose «materia» des nachatlantischen Physikers – sinnt, Zeiten hindurch, dem Mysterium ihrer schwersten bisher, doch größten Geburt nach: Iche haben sich niedergesenkt, so spricht sie, aus den unermesslichen Weiten des Tao, bis herab zu mir selbst, der die Leiber der Menschen entstammen. Als *Erden*-Iche werden sie fortan meinen Leib beschreiten. So sann sie und blickte hinauf durch Wasser und Nebel zur Aura der Sonne.

Dort oben, so lehrten schon lange im tief verborgenen Sonnenorakel die in den *Ursprung* des Tao eingeweihten Priester, wohnen die formenden Geister, spendend die Funken des Ich in die Hüllen der Menschen. Dort oben, inmitten der Geister der Form, wohnt auch das Welten-Ich, das später, in zukunftsfernen Tagen, aus eigener Kraft und freiem Entschluss herabsteigen wird zum Heile der Menschheit – Christus wird man es nennen.

*

«Bedeutsam von oben nach unten strahlen»[6] – so erlebte der alte Atlantier, auch fern vom Orakel der Sonne, das sich einsenkende Ich; als Geschenk des «Großen Geistes», der im Tao ihm aus allem entgegenklang. Die Geburt der großen «Steuerkraft» in Leben und Leib erlebte er, nachdem diese Jahrtausende und Aberjahrtausende von außen, das heißt von höheren geistigen Wesenheiten «gesteuert» worden war.

3. Aus dem Tao geborenes Ich

Von insgesamt sieben Geistern der Form spricht Rudolf Steiner. In der Sonne haben sie ihren Wohnsitz; einer allerdings sollte später im Mond seinen Sitz aufschlagen: Jahve werden ihn die alten Hebräer nennen. Elohim heißen sie in der Bibel, und als «Pleroma» (Fülle) wurden die sechs Sonnen-Elohim in der christlichen Gnosis verehrt. Indem sie Ich-Bringer sind, können sie auch Menschheit-Bringer genannt werden, denn durch den Empfang eines Ich und die Entwicklung eines *Bewusstseins* von diesem Ich betritt seit den fernen Zeiten des alten Saturn bis zu den fernen Zeiten des Vulkan-Planeten ein jegliches Wesen die Stufe der Menschheit.

Noch kaum waren im damaligen Atlantis Rassendifferenzierungen ausgeprägt; *andere* Wesen impulsieren die Rassenbildung, wenn auch mit den Geistern der Form verwandte; zurückgebliebene Geister der Bewegung[7] sind es, die auf dem alten Monde dem menschlichen Wesen einst den Astralleib einflößten; «abnorme» Geister der Form werden sie von Rudolf Steiner genannt. Nicht zu ihnen, deren Wirken erst in den Anfängen lag, blickte der Atlantier hinauf. Die Menschheit-Bringer waren es, die er erlebte im aurischen Scheine der Sonne. Ein Zeitalter der «Größe und Herrlichkeit» war es, so Rudolf

Steiner im *Volksseelen-Zyklus*, «wo noch wenig um sich gegriffen hatte die Rassenspaltung, wo die Menschen hinaufschauen konnten nach der Sonne und wahrzunehmen vermochten die durch das Nebelmeer eindringenden Geister der Form ... Das, was zusammenwirkte von den sieben Geistern der Form, das nannte der Atlantier den Großen Geist, der in der Atlantis dem Menschen sich offenbarte.»[7]

«Großer Geist» als Tao erklingend: die ganze Schöpfung ist dem Atlantier von ihm durchwaltet. Und nicht im Gegensatz zur Welt stand ihm das seinen Ätherleib und seinen physischen Leib durchdringende Ich: erlebte er doch, wie es ihm zuklang durch die geistdurchwirkte Natur aus dem Umkreis der Sonne. Geist vom Geist war ihm das Ich, eins mit dem Großen Geiste der Welt, der alles durchwaltet. Verschränkt lag das Innen im Außen, Geist in Materie noch, lemniskatenhaft verschlungen, vereint durch das allwaltende Tao. «Halb gegenständlich, halb geistig»[8] war dem Atlantier sein «Gott», umfasst er doch beides: Im Rieseln des Wassers, im Schweifen des Nebels, im Wachsen der Pflanzen erlebte er das Tao; am reinsten aber im Erklingen des göttlichen Ich.

4. UNTERGANG DES SCHAUENS – AUFGANG DES DENKENS

Doch je mehr das Einzel-Ich den Ton angibt, umso mehr beginnt Tao, das allwaltende, zu verklingen. Verklingend nur tönt noch das mächtige Tao, verbergend sich allmählich *im ersten Regen der Denkkraft*. Ur-Semiten nennt Rudolf Steiner jene Atlantier, die als erste ichhaft aktives Denken entwickeln. «Ich bin der Ich bin» wird sich der Geist ihrer hebräischen Nachkommen nennen. Bis in die Sinne ertönt ihnen das Ich, und als Erstling des Erden-Ichs regt sich das Denken. Zurück tritt das mächtige Gotteserleben, zu dämmern beginnt am Horizonte der Zeiten Gedanken-Vernehmen. So verstummt der Seele das Tao; *Vernunft* hebt leise die Stimme.

*

Gewaltig aber waren auch Leidenschaft, Selbstsucht und Irrtum, denn schon zur lemurischen Zeit hatte einst der auf dem alten Monde zurückgebliebene Luzifer[9] in das Reich der menschlichen Seelen gegriffen. Trotz der Ankunft des königlichen Ich führen Leidenschaft und Sinnesverstrickung mächtig das Zepter; es verdunkelt sich der einstmals offene Blick in die Zukunft. Furcht und Finsternis ergießt in die Winkel vieler Seelen der andere Widersacher der Menschheit; Ahriman[9] nennt ihn der spätere Perser. Verführt und verfinstert, missbrauchen die Tao-Fernen die heiligen Kräfte des Lebens, als Sklaven sich steigernder, niemals befriedigter Selbstsucht.

Fort führt Manu, der Eingeweihte des Sonnenorakels, die besten der Atlantier, vom kälteren Norden der Insel, unweit vom heutigen Irland;[10] aus ursemitischem Stamme waren sie, seine Getreuen, an Hellsehen und Hellfühlen die letzten atlantischen Menschen, an Denkkraft die ersten.

Zu rasen beginnen die Seelengewalten der Tao-Fernen. So antwortete die Natur, die noch innig verbündet dem menschlichen Seelengeschehen: mächtige Luft- und Wasserkatastrophen zerstörten das einstige Tao-Land.

Manu heißt Mensch; in beidem steckt «mens» – der denkende Geist. Dies war die hehre Mission des Manu und seiner Schar: hinüberzuretten die alte hellsichtige Geist- und Götterverbundenheit, hinüberzuretten verklingendes Tao-Erleben in die neue Zeitenrunde, hinüberzuretten es in der Form des sich entwickelnden *Denkens*.

4. Untergang des Schauens – Aufgang des Denkens

«Evolution des Denkens» – so wird für lange Jahrtausende über die Bewusstseinsentwicklung der Menschheit geschrieben stehen; doch hinter diesen zielweisenden Weltenlettern leuchten in zarteren, komplementären Farben die anderen durch: «Involution des Schauens» – so lesen wir auf den zweiten Blick. Mit anderen Worten: Aus dem einstmals herrschenden Schauen, das jetzt in den Hintergrund zu treten (zu involvieren) beginnt, entwickelt sich das junge Denken heraus. Als Erbstück der alten atlantischen Hellsichtigkeit wird es in die nachatlantischen Kulturepochen hineingetragen.

Wesenhaft und kraftend war das Geist-Erleben des alten Atlantiers gewesen; noch nicht im Verfügungsbereich der Freiwilligkeit hatte das Tao-Erleben gestanden; mit Weltmächtigkeit stellte es sich auf dem Schauplatz atlantischer Seelen ein. Indem nun die wirklichkeits- und kraftdurchtränkte Tao-Geistigkeit mehr und mehr zur abstrakten Form[41] der Gedanken-Geistigkeit herabgelähmt wird, betritt das Menschen-Ich auf den nachatlantischen Hauptkulturschauplätzen *die Entwicklungsbahn der Freiheit*. Denn nur innerhalb der durch das abstrakte Denken gebildeten «toten» Geistigkeit (aber doch Geistigkeit!), aus der alles wesenhaft Wirkende sich nach und nach gänzlich zurückzieht, kann das Ich auf dem Gedankenplan *sein eigenes freiwilliges Wirken entfalten*. So gefriert die lebendige, wesenhaft wirkende Tao-Spiritualität im Laufe der nachatlantischen Hauptkulturen zur Eisschicht abstrakter Ideen, wie sie das Denken rein zu erfassen lernt.

Drei kulturbegründende Mysterienströme ergießen sich aus der untergehenden Atlantis über die Konturen gewinnenden Festländer des Ostens und des Westens[11]. Ostwärts zieht sich über Irland, England, Nordfrankreich, Skandinavien und Russland ein *nördlicher* Strom nach Innerasien; über Südspanien, Griechenland, Ägypten bewegt sich ein *südlicher* Strom ebenfalls auf das asiatische Gebiet zu. Ein dritter Strom fließt westwärts nach Amerika.

Maßgeblich für die Befruchtung der bisherigen nachatlantischen Kulturen waren in erster Linie die (nördlich und südlich) nach Osten gerichteten Mysterienströmungen. In den nördlichen Mysterien lernte der Einzuweihende, zum Kern der von Ahriman geistverhüllten Natur zu dringen; in den südlichen Mysterien wurde er hinter die von Luzifer verschleierten Geheimnisse des eigenen Seelendaseins geführt.

*

4. Untergang des Schauens – Aufgang des Denkens

Doch nicht mit einem Schlage verklingt auch in der nachatlantischen Zeit altes Tao-Erleben. In den verschiedensten Kulturkreisen finden wir, der Sache oder wenigstens dem Namen nach, bis in neuere Zeiten hinauf Tao-Spuren.

Im ersten *Buch Mose* begegnet uns Methusael, der nach einem Hinweis Rudolf Steiners der Erfinder der «Tao-Schrift» ist.[12] Zur Zeit von König Salomo tritt nach der Überlieferung der Tempellegende um das Jahr 1000 vor Christus Hiram in einem entscheidenden Moment mit dem magisch wirkenden Tao-oder Tau-Zeichen auf, einem Kreuz in der Form eines T, in dessen Gewalt die Arbeiter des salomonischen Tempelbaues stehen.[13] Zu den Kainssöhnen, den Bringern der Erdenwissenschaft, gehört Hieram, und wie ein Bewahrer atlantisch-magischer Technik, die in der Zukunft auf höherer Stufe ihre Wiedererweckung finden wird, tritt er uns entgegen.

Auch im alten Ägypten ist noch von «Tao-Büchern» die Rede; doch deutlichere Spuren erhalten sich in China, das nach Rudolf Steiner bereits zur atlantischen Zeit bevölkert gewesen war.[14]

Das klassische historische Dokument des chinesischen Taoismus ist das vermutlich im 6.

Jahrhundert vor Christus von Lao-tse verfasste *Tao-te-king* («Buch vom Tao»). Während zur gleichen Zeit Heraklit vom Feuer als dem Urgrund der Dinge sprach und Buddha zunächst für die Angehörigen der südlichen Mysterienströmung in dem «achtgliedrigen Pfad» den Weg zur Befreiung aus der Sinnen- und Daseinsverstrickung zeigte, lehrte Lao-tse den Weg zum «absoluten Tao», das in seiner konkreten Spiritualität dem sich entwickelnden abstrakten Intellekt jedoch bereits zu entgleiten beginnt. So lesen wir im *Tao-te-king*: «Das Tao, über das ausgesagt werden kann, ist nicht das absolute Tao.»

5. SKYTHIANOS UND DIE «BEWAHRUNG» ATLANTISCHER HELLSICHTIGKEIT IM WESTEN

Gemäß den Ziellettern der zur Verwirklichung der individuellen Selbstbewusstheit und Freiheit tendierenden Bewusstseinsentwicklung innerhalb der nachatlantischen Hauptkulturzentren Indiens, Persiens, Ägyptens und Griechenlands muss das hellsichtige Tao-Erleben naturgemäß in den Hintergrund rücken. So haben wir es in der nachatlantischen Zeit mit einer fortschreitenden Abnahme des alten Tao-Erlebens zugunsten der sich als Freiheitsgrundlage entwickelnden abstrakten Intellektualität zu tun. Und doch lebt alte Tao-Geistigkeit auch in nachatlantischer Zeit nicht nur gewissermaßen spurenweise oder reliktartig fort, wie wir dies im letzten Kapitel feststellen konnten; nach einem Hinweis Rudolf Steiners wurde atlantische Hellsichtigkeit auf gewissen nachatlantischen Nebenschauplätzen der Hauptkulturentwicklung in sehr zielgerichteter Weise «bewahrt», wie er sich ausdrückt, und zwar «für spätere Zeiten».[15]

Um es gleich vorwegzunehmen: nicht um eine Bewahrung der konkreten *Inhalte* atlantischer Hellsichtigkeit (oder atlantischen Tao-Erlebens) kann es sich hierbei in erster Linie handeln. Denn diese «Inhalte» – etwa hellsichtig erschaute übersinnliche Wesenheiten wie die Geister der Form – haben seit jener Zeit selbst eine Entwicklung durchgemacht und müssen jedem späteren Hellsehen in modifizierter Gestalt erscheinen. Es wird sich also vielmehr darum handeln, dass die Bewusstseins*form* (oder die Gesetzmäßigkeit) atlantischer Hellsichtigkeit gewissermaßen als Fähigkeitspotential menschlicher Seelen für spätere Zeiten erhalten bleibt: es ist die Bewusstseins*form*, für die es noch keine scharfe Trennung in Innen und Außen oder Materie und Geist gibt und die wir im Bisherigen kurz als «Tao-Erleben» bezeichnet haben. Diese dem modernen Menschen zumeist gänzlich verloren gegangene Bewusstseins*form* sollte als menschliches Fähigkeitspotential für spätere Zeiten «bewahrt» werden. Dies muss im Folgenden stets im Auge behalten werden, wenn von der *Bewahrung atlantischer Hellsichtigkeit* die Rede ist.

In den Westen haben wir den Blick zu richten, wenn wir den wichtigsten Schauplatz finden wollen, auf welchem solche Bewahrungsarbeit gewissermaßen in systematischer Weise geleistet wurde. Nicht alle Wanderzüge nach dem

5. Skythianos und die atlantische Hellsichtigkeit

Untergang der alten Atlantis erreichten ihr Zielgebiet im Osten. Es gab die Ostwanderung abbrechende sowie wiederum westwärts zurückwandernde Völkerschaften. Sie bildeten die keltisch-europäische Urbevölkerung, deren Kulturentwicklung bis in die griechisch-römische Kulturepoche hinein von den Errungenschaften und Impulsen der Hauptkulturepochen und -schauplätze Indiens, Persiens und Ägyptens weitgehend unberührt blieb; jedenfalls kann dies von der im westlichen und wohl auch teilweise von der im nördlichen Europa angesiedelten keltischen Bevölkerung gesagt werden.

In dem für unseren unmittelbaren Zusammenhang zentralen Schlussvortrag von Rudolf Steiners Vortragszyklus *Der Orient im Lichte des Okzidents*[15] lesen wir: «Es hatten sich große Weistümer mitgebracht die Menschen, die aus der alten Atlantis herübergezogen sind nach Europa und weiter. In der alten Atlantis waren die meisten Menschen instinktiv hellseherisch; sie konnten hineinsehen in die Gebiete des Geistigen. Diese Hellsichtigkeit konnte sich nicht fortentwickeln» – es hatte sich ja auf den nachatlantischen Hauptkulturschauplätzen *das Denken* zu entwickeln –, «*sie musste sich zurückziehen zu einzelnen Persönlichkeiten des Westens.* Sie wurde da geleitet von einem Wesen, das in tiefer Verborgenheit lebte einstweilen – zurückgezogen selbst hinter denen, die auch schon zurückgezogen und Schüler eines großen Eingeweihten waren –, das sozusagen zurückgeblieben war, bewahrend dasjenige, was aus der alten Atlantis herübergebracht werden konnte, bewahrend es für spätere Zeiten.»

Von diesem «Leiter» der im Westen zu bewahrenden Hellsichtigkeit erfahren wir in demselben Vortrag, nun mehr im Zusammenhang mit der *Inhalts*seite dieser Hellsichtigkeit: «Diesen hohen Initiierten, diesen Bewahrer der uralten atlantischen Weisheit, die tief hineinging sogar in alles dasjenige, was die Geheimnisse des physischen Leibes sind, kann man *Skythianos* nennen, wie es im frühen Mittelalter üblich war. Und es blickt derjenige, der das europäische Mysterienwesen kennt, zu einem der höchsten Eingeweihten der Erde hinauf, wenn der Name Skythianos genannt wird.»

6. SKYTHIANOS UND DIE MYSTERIEN HYBERNIAS

Hat, so mögen wir hier fragen, das Wirken dieses großen Eingeweihten im Westen in irgendeiner Hinsicht bleibende Gestalt angenommen? Hat es Spuren hinterlassen? In Bezug auf äußerlich-historische Spuren des Wirkens dieses Eingeweihten im Westen muss die Frage wohl durchaus verneint werden. In anderer Richtung werden wir zu suchen haben.

Durch Jahrtausende hindurch barg der europäische Westen in Irland die hybernischen Mysterien. Bereits um die Wende vom vierten zum dritten vorchristlichen Jahrtausend müssen diese Mysterien existiert haben, suchte doch, nach einer Darstellung Rudolf Steiners[16], bereits zu Beginn des dritten Jahrtausends v. Chr. Gilgamesch, der Inspirator der babylonischen Kultur, in der Gegend des heutigen Burgenlandes eine Art Filiale dieser hybernischen Mysterien auf. Möglicherweise haben sie aber schon sehr viel früher bestanden.

«Die letzten großen Mysterien» nennt sie Rudolf Steiner einmal, «durch die sich aussprechen konnten die menschlichen und die kosmischen

Geheimnisse.»¹⁷ Und an anderer Stelle charakterisiert er sie als jene Mysterien, «welche von einer gewissen Seite her die alten Weisheitslehren der atlantischen Bevölkerung am reinsten bewahrt haben».¹⁶

Begegnet uns der Bewahrungsimpuls atlantischen Weisheitsgutes sowohl innerhalb der hybernischen Mysterien wie auch im Wirken von Skythianos, so lassen sich auch noch weitere Parallelen finden. Rudolf Steiner charakterisiert einmal in eindrücklichster Art den «geistigen Wall», von welchem die Bilder gerade der hybernischen Mysterien in der Akasha-Chronik umgeben seien, und er betont, dass sie «nicht durch ein historisches, *auch nicht durch ein hellseherisch-historisches Schauen*»¹⁸ zu ergründen seien. Andererseits hebt er, zum Beispiel in der bereits angeführten Passage, den besonderen Charakter der Zurückgezogenheit oder Verborgenheit im Wirken des Skythianos hervor.

Dieser Eingeweihte gehörte im 4. nachchristlichen Jahrhundert dem Kollegium von vier Menschheitsführern an, die das Rosenkreuzertum konzipierten und als historische Strömung abendländisch-durchchristeter Spiritualität inaugurierten: Manes, Buddha und Zarathustra beteiligten sich neben Skythianos an dieser

6. Skythianos und die Mysterien Hybernias

weittragenden Aufgabe. Während wir aber aus Rudolf Steiners Geistesforschung sehr vieles über Buddha, Zarathustra und, wenn auch schon weniger als bei den erstgenannten, über Manes erfahren – über Skythianos hat er vergleichsweise wenig gesagt. Das steht in einem auffälligen Kontrast zu seiner Bedeutung als «einem der höchsten Eingeweihten der Erde»!

Es ist, wie wenn Steiner gerade in Bezug auf Skythianos, ganz im Einklang mit dessen Wirkensart, vieles in voller Absicht offengelassen oder nur zart angedeutet hätte – um das Ergründen weiterer Zusammenhänge der selbständig spirituellen Aktivität seiner Hörer und Leser zu überlassen.

Fragen wir uns zum Beispiel einmal, ob wir innerhalb der Mysterienvorgänge Hybernias nicht gewisse Elemente finden könnten, die sich in Zusammenhang bringen ließen mit Rudolf Steiners Charakterisierung von Skythianos als dem Bewahrer einer Weisheit, «die tief hineinging sogar in alles dasjenige, was die Geheimnisse des physischen Leibes sind». Wurden nicht gerade die Einzuweihenden der hybernischen Mysterien tief hineingeführt in gewisse Geheimnisse der menschlich-physischen Organisation?

In umfassendster, tiefster Weise wurden sie eingeweiht in das Geheimnis der menschlichen zwölf Sinne, das ihnen die menschliche und kosmische *Vergangenheit* erschloss.

In umfassendster, tiefster Weise wurden sie eingeweiht in das Geheimnis des menschlichen Herzens, das ihnen die menschliche und kosmische *Zukunft* erschloss. Bis zum fernen Saturnzustand der Erde, bis zum fernen Vulkanzustand der Erde weitete sich der hellsichtige Blick der Eingeweihten Hybernias.[19]

Kann bereits das selbständige Bedenken der merkwürdigen Parallelen gewisser Elemente der Skythianos-Mission und bestimmter Elemente innerhalb der hybernischen Mysterienvorgänge zur gut begründeten Annahme eines inneren Zusammenhanges zwischen diesem großen Eingeweihten und diesen «letzten großen Mysterien» führen, so lässt sich diese Vermutung durch eine mündliche Äußerung Rudolf Steiners zu Ita Wegman verifizieren. W.J. Stein, dem Wegman diese Äußerung mitgeteilt hat, hielt sie in seinen Tagebüchern folgendermaßen fest: «Skythianos ist der Eingeweihte Hybernias, des Westens. Er hütet die atlantische Weisheit.» Dass gerade Ita Wegman die Empfängerin dieser bedeutungsvollen Mitteilung war, ist alles andere als ein Zufall, sondern hängt selbst wiederum mit einem bedeutungsvollen Umstand zusammen, nämlich mit ihrer karmisch bedingten Zugehörigkeit zur hybernischen Mysterienströmung.[20]

So wäre die Frage, wo im Westen und durch welche Eingeweihten-Individualität und ihre Schüler in nachatlantischer Zeit alte atlantische Hellsichtigkeit bewahrt worden ist, durch das Bisherige bis zu einem gewissen Grade beantwortet.

*

Im Laufe der ersten christlichen Jahrhunderte – etwa ab der Zeit der Völkerwanderung – beginnt jedoch die Mysterienstätte Hybernias ihre Pforten allmählich zu schließen. Ausläufer ihres geistigen Schulungsimpulses finden sich allerdings noch bis in das 9. Jahrhundert hinein, so etwa in der Artusströmung. Rudolf Steiner spricht auch von einer hybernischen «Filiale» im Elsass; diese war um die Wende vom 8. zum 9. Jahrhundert durch eine Individualität begründet worden, die sich später in dem italienischen Freiheitskämpfer Giuseppe Garibaldi wiederverkörpern sollte.[21] Von solchen vereinzelten Filialbildungen sowie der abklingenden Artusströmung abgesehen, schreitet, im Ganzen gesehen, die Verriegelung der Mysterienpforten Hyberniasin den nachchristlichen Jahrhunderten langsam, aber sicher voran. Die hybernischen Mysterienvorgänge wurden dabei «zugleich geistig mit einem dichten Wall umgeben [...], sodass der Mensch sie nicht in passiver Weise ergründen kann [...], dass er sich ihnen nicht anders nähern kann, als indem er seine spirituelle Aktivität in sich erweckt hat»[18] – in vollkommener Übereinstimmung mit der Wirkensart von Skythianos, könnten wir nun hinzufügen.

Die Art, wie die hybernischen Mysterien verschlossen wurden, zeigt, dass in ihnen neben der Bewahrung atlantischer Hellsichtigkeit bereits mit der durch das abstrakt werdende Denken zu erringenden Freiheit des künftigen Menschen, der «seine spirituelle Aktivität in sich erweckt hat», durchaus gerechnet wurde. In dieser Hinsicht kann gerade an den hybernischen Mysterien und der eigentümlichen Art ihrer geistigen «Verriegelung» der Übergang von der (atlantischen) Evolution des Schauens zur (nachatlantischen) Evolution des Denkens beobachtet werden, wie sie für die menschliche

6. Skythianos und die Mysterien Hybernias

Bewusstseinsentwicklung innerhalb der vierten und der fünften nachatlantischen Kulturepoche immer maßgeblicher werden sollte.

*

Wie ein historisches Mahnmahl an den wesenhaft-spirituellen Ursprung dieser Evolution der abstrakten Gedankengeistigkeit finden wir auf der irischen Insel, dem Ausgangsort der nördlichen nachatlantischen Mysterienströmung und Heimatort der hybernischen Mysterien, ein bemerkenswertes Tao-Kreuz. Es stand bis in die sechziger Jahre frei in der Landschaft und ist heute im Clare Heritage Centre in Corofin, County Clare, zu sehen. Auf dem oberen Balken, dessen Enden leicht ansteigen, sind zwei einander zugekehrte Gesichter eingemeißelt. Verlängert man in der Vorstellung die Blicklinien der beiden Gesichter, so treffen sie sich weit oben im Himmelszelt. Nach der Atlantis blickt, so scheint das eine Gesicht zu sagen, wenn ihr den Werdegang der nachatlantischen Kulturen begreifen wollt, wenn ihr begreifen wollt, wie das Denken aus dem Schauen hervorgegangen ist; denn, so fügt das andere Gesicht hinzu, das in die entgegengesetzte Richtung schaut, schon in der alten Atlantis wurde im Sonnenorakel, wurde von allen Tao-Eingeweihten der ganze Gang der nachatlantischen Kulturen zur Evolution des Denkens im prophetischen Blicke vorausgeschaut.

*

Ist die Bewahrung atlantischer Hellsichtigkeit «für spätere Zeiten» durch die hybernischen Mysterien schon vollumfänglich vollzogen worden, so könnten wir hier fragen, und waren die «späteren Zeiten», von denen Rudolf Steiner in diesem Zusammenhang sprach, mit den ersten nachchristlichen Jahrhunderten bereits angebrochen? Mit anderen Worten: ist die Tao-Weisheit und das Tao-Erleben nur bis ins 9. Jahrhundert hinauf – wenn wir an die elsässische «Garibaldi-Filiale» denken – «bewahrt» worden, wie dies vor allem im Westen Europas geschehen ist? So könnte es scheinen.

Doch setzte sich diese Bewahrung über diese Jahrhunderte hinaus in zweifacher Weise fort: *einerseits* in der bereits erwähnten Strömung des Rosenkreuzertums, welches damals von vier Eingeweihten-Individualitäten inauguriert wurde. Dass auch innerhalb dieser Geistesströ-

6. Skythianos und die Mysterien Hybernias

mung in einer dem europäischen Westen angepassten Form, das heißt in einer Form, die mit dem Heraufkommen des abstrakten naturwissenschaftlichen Denkens rechnete, tatsächlich alte Tao- oder Tau-Weisheit «bewahrt» wurde, kann unter anderem aus folgender Äußerung Rudolf Steiners hervorgehen: «Das Tauzeichen, das alte Kreuzeszeichen, heißt im Lateinischen crux. Und was heißt Tau, Tautropfen? Ros, roscrux ist unser Rosenkreuz.»[22] Die zeitgemäße Kulmination dieser Geistesströmung stellt die Geisteswissenschaft Rudolf Steiners dar. Inwiefern schon im bloßen gedankenmäßigen *Verstehen* dieser Geisteswissenschaft in verwandelter Form alte Hellsichtigkeitskräfte «bewahrt» werden, kann dem 13. Kapitel entnommen werden.

Erinnern wir uns *andererseits* an die ebenfalls bereits erwähnte Tatsache, dass von der versinkenden Atlantis ein dritter Mysterienstrom auf den amerikanischen Kontinent hinüberging. Auch hier, im «großen» Westen, finden wir – wenn auch in ganz anderer Art – Spuren eines alten Tao-Erlebens, welche das 4. nachchristliche Jahrhundert überdauert haben.

7. DER «GROSSE» WESTEN UND DIE BEWAHRUNG ATLANTISCHEN TAO-ERLEBENS

Rudolf Steiner stellt im «Volksseelen-Zyklus»[7] dar, wie der Sohn der braunen Rasse – sie wird von Steiner als «Saturn»-Rasse bezeichnet – die ganz auf die Ausbildung des Denkens ausgerichtete Entwicklung der im Osten entstehenden Rassen und Kulturen, aus der auch die europäische Kultur der Neuzeit hervorgegangen ist, nicht mitgemacht hat: «Er hat festgehalten an dem Großen Geist der urfernen Vergangenheit. Das, was die anderen gemacht haben, die in urferner Vergangenheit auch den Großen Geist aufgenommen haben, das trat ihm vor Augen, als ihm ein Blatt Papier mit vielen kleinen Zeichen, den Buchstaben, von welchen er nichts verstand, vorgelegt wurde. Alles das war ihm fremd, aber er hatte noch in seiner Seele den Großen Geist.»[7]

Weiße Eroberer hatten in den vierziger Jahren des 19. Jahrhunderts versprochen, einem bestimmten Indianerstamm tauschmäßig ein Stück Land zu überlassen, dieses Versprechen aber nicht gehalten. Darauf hielt der Häuptling dieses Stammes nach langer Wartezeit vor den

7. Der «große» Westen und atlantisches Tao-Erleben

Weißen die folgende Rede: «Da, in dem Erdboden, wo die Eroberer unseres Landes schreiten, sind die Gebeine meiner Brüder begraben. Warum dürfen die Füße unserer Überwinder über die Gräber meiner Brüder schreiten? Weil sie im Besitze sind dessen, was groß macht den weißen Mann. Den braunen Mann macht etwas anderes groß. Ihn macht groß der Große Geist, der zu ihm spricht in dem Wehen des Windes, in dem Rauschen des Waldes, in dem Wogen des Wassers, in dem Rieseln der Quelle, in Blitz und Donner. Das ist der Geist, der für uns Wahrheit spricht. Oh, der Große Geist spricht Wahrheit! Eure Geister, die ihr auf dem Papier hier habt und die dasjenige ausdrücken, was für euch groß ist, die sprechen nicht die Wahrheit.» Als einen «welthistorischen Dialog» charakterisiert Rudolf Steiner diese Szene, «der gepflogen worden ist zwischen den Eroberern und dem Letzten der großen Häuptlinge der braunen Männer».

In eindrücklicher Art kann uns diese Rede zeigen, dass die Bewusstseinsverfassung des alten Tao-Erlebens im «großen» Westen, fern und unberührt von den östlich gelegenen Hauptkulturströmungen, weit länger bewahrt werden konnte als im europäischen Westen.

Nicht nur die Geistigkeit der Natur, auch die Geistpräsenz der sogenannten Toten gehörte zum indianischen Tao-Erleben wesentlich dazu. Dies geht in deutlicher Weise aus einer anderen, berühmt gewordenen Indianerrede hervor, aus der Rede des Häuptlings Seattle.

«Uns ist die Asche unserer Ahnen heilig», ruft Seattle den achtlos über die indianischen Gräber schreitenden Eroberern zu. «Ihr zieht weit fort von den Gräbern eurer Ahnen und anscheinend ohne Bedauern […] Eure Toten hören auf, euch und das Land ihrer Geburt zu lieben, sobald sie die Grabespforten durchschritten und sich jenseits der Sterne begeben haben. Sie sind bald vergessen und kehren niemals zurück. Unsere Toten vergessen die schöne Welt nie, die ihnen das Dasein gab […], und mit zärtlichem Gefühl wenden sie sich stets den mit einsamen Herzen Lebenden zu, und oft kehren sie aus den glücklichen Jagdgründen zurück, um sie zu besuchen, zu führen, zu trösten und zu erquicken.»[23]

Neben diesem mächtigen Gefühl der Verbundenheit mit den Verstorbenen wurde auch die in der Rede durchschimmernde Vorstellung von dem sich reinkarnierenden Menschengeist im indianischen Tao-Erleben aus alter Zeit bewahrt, während sich beide Erlebniselemente auf den östlich gelegenen nachatlantischen Kulturschauplätzen gleichsam verdünnt und schließlich scheinbar ganz verloren haben.

So wurden im «großen» Westen innerhalb der «Saturn»-Rasse atlantische Tao-Weisheit und atlantisches Tao-Erleben weit länger bewahrt als im Westen Europas. Es ist in diesem Zusammenhang außerdem bemerkenswert, dass gerade in Bezug auf die nordamerikanische «Saturn»-Rasse der Rassenbegriff eine ganz besondere Nuance enthält: Denn der atlantische Hellsichtigkeit bewahrende Indianer konnte in seiner Verehrung des großen Tao-Geistes noch «etwas ahnen von der Größe und Herrlichkeit eines Zeitalters, wo noch wenig um sich gegriffen hatte die Rassenspaltung»[7], wie Rudolf Steiner im angeführten Zyklus feststellt. Ein bestes Extrakt *menschheitlicher* Geistigkeit wurde auf dem amerikanischen «Nebenschauplatz» für spätere Zeiten bewahrt; im Gegensatz zu der europäisch-westlichen Rosenkreuzerströmung in einer vom Intellekt noch kaum berührten Art.

Immer mehr wird aber solches Bewahren atlantischer Hellsichtigkeit im «großen» Westen im Laufe der Zeiten an das sich über verschiedene Inkarnationen erstreckende Wirken von ganz konkreten Individualitäten gebunden sein, denn von der indianischen Rasse als ganzer kann dies in Zukunft nicht mehr erwartet werden. Es wirken in ihr in höchstem Maße Alters- und Abbaukräfte. Sie ist als Rasse bereits dem Untergang geweiht, was lange vor Rudolf Steiners spiritueller Rassenforschung innerhalb der weißen Menschheit zumindest vielfach geahnt worden sein mag. Selbstverständlich kann die barbarische «Beschleunigung» dieses Untergangs durch solche Ahnungen, insofern sie bei den entsprechenden historischen Vorgängen tatsächlich mitgespielt haben, keineswegs gerechtfertigt werden.

8. ZWEI WELTHISTORISCHE TAO-KARIKATUREN

Doch nicht nur beste Extrakte atlantischer Weisheit wurden innerhalb der hybernischen Mysterien und, in viel spätere Zeiten hineinreichend, auf dem amerikanischen Kontinent bewahrt. Auch in äußerst karikierter Form hat altes Tao-Erleben in späterer Zeit fortgewirkt. Zwei welthistorische Hauptkarikaturen dieser Art sind zu verzeichnen, die eine mehr ahrimanisch, die andere mehr luziferisch tingiert.

Auf altmexikanischem Gebiet wurde schon lange Zeit vor der Zeitenwende schwarz-magisches Mysterienwissen mit den entsprechenden Praktiken kultiviert. Inspiriert wurden diese Mysterien, die zur Zeit, als sich in Palästina das Mysterium von Golgatha zutrug, ihren dramatischen Höhepunkt erlebten, von einem «Taotl» genannten Geist, der sich schon in seinem Namen als Abkömmling des einstigen Tao-Geistes zu erkennen gibt. Mitten in der Zeit des ersten Weltkriegs-Tobens sah sich Rudolf Steiner veranlasst, im September 1916 auf die beiden wichtigsten Tao-Karikaturen der nachatlantischen Zeit zu sprechen zu kommen. In Bezug auf die Taotl-Mysterien sagt er am 18. September 1916:

«Wenn der Atlantier von seinem Großen Geiste sprach, so drückte er das aus [...] in dem Worte [...] Tao. Und eine ahrimanische Karikatur, ein [...] Gegner dieses Großen Geistes, der aber doch mit ihm verwandt war, der wirkte so, dass er nur vor dem atavistisch-visionären Schauen sichtbar werden konnte [...] Diesen Geist nannte man mit einem Worte, das so ähnlich klang: Taotl. Das war also eine ahrimanische Abart des Großen Geistes, Taotl – eine mächtige, nicht bis zur physischen Inkarnation kommende Wesenheit.»[24]

Was wurde nun über alle schwarz-magischen Nahziele hinaus – sie schlossen die systematische Durchführung von bestimmten rituellen Morden in sich ein – durch die ahrimanischen Taotl-Mysterien letztlich angestrebt? «Ein ganz auf Ertötung jeder Selbständigkeit, jeder Seelenregung von innen heraus gerichtetes allgemeines Erden-Todesreich, könnte man sagen, sollte erstrebt werden» – so Rudolf Steiner am 18. September[24] –, «und in den Mysterien des Taotl sollten diejenigen Kräfte erworben werden, welche den Menschen befähigten, ein solches ganz mechanisiertes Erdenreich herzustellen.» Aus diesem derart präparierten Erdenreich sollten die Seelen «herausgepresst» werden, sodass ein besonderer «luziferischer Planet angelegt werden

8. Zwei welthistorische Tao-Karikaturen 53

könnte». Schon dieser knappen Charakteristik der Praktiken und Ziele der Taotl-Mysterien wird man entnehmen können, wie sich ahrimanisch und luziferisch karikierte Tao-Kräfte gleichsam in die Hände arbeiten.

Wie war nun die Tao-Karikatur mit luziferischem Hauptakzent, wie wir sie im Osten antreffen, beschaffen? Denn auch in Asien war innerhalb einer bestimmten Priesterschaft an den atlantischen Großen Geist angeknüpft worden. Einer der Priester der luziferisierten Tao-Mysterien Asiens wurde dazu präpariert, von dem «Großen Geist» eine Art Auftrag einzuholen, wie er in der alten Atlantis für die damaligen gewaltigen Herrscher hätte ausgegeben werden können. Mit einem solchen, in spätere Zeiten versetzten Geist-Auftrag impulsierte er den jungen Dschingis-Khan, der um die Wende vom 12. zum 13. Jahrhundert ganz Europa durch die von ihm dirigierten Mongolenstürme in Furcht und Atem hielt.

Was wurde innerhalb dieser Priesterschaft vermittels der Mongolenstürme letztlich bezweckt? Rudolf Steiner äußert sich darüber am 17. September 1916 in der folgenden Weise: «Es sollte in der stärksten Weise gearbeitet werden, die Seele des Menschen ganz einzulullen in dämmerndes Erleben der Imaginationen. Die Absicht bestand, mit den besonderen Kräften, die da aus der Atlantis herein erhalten waren, so nach dem Westen zu wirken, dass die Kultur des Westens eine visionäre Kultur geworden wäre. Dann hätte man die Seelen abtrennen und einen besonderen Kontinent, einen besonderen planetarischen Körper mit ihnen bilden können. Alle Unruhen, welche durch die Mongolenstürme und alles das, was damit zusammenhängt, in die Entwickelung der neueren Menschheit gekommen sind [...] bedeuten den großen, von Asien ausgegangenen Versuch, die europäische Kultur zu ‹vervisionieren›, um sie abzutrennen von den Bedingungen der fortlaufenden Evolution, um sie gewissermaßen hinwegzuführen von der Erde.»[24]

Während zur Zeit, als sich in Palästina das Mysterium von Golgatha vollzog, der größte Eingeweihte der Taotl-Mysterien von einem noch größeren weiß-magischen Eingeweihten besiegt werden konnte, wurde die asiatische Attacke durch die fortschrittlichen Evolutionsmächte zunächst in anderer Weise abgewendet: die europäische Menschheit wurde zur Entdeckung Amerikas inspiriert. «Die Entdeckung Amerikas und alles, was damit zusammen-

8. Zwei welthistorische Tao-Karikaturen 55

hängt, überhaupt das Sich-Hineinleben in die materiellen Schauplätze der Erde, das bedeutete, von großen Gesichtspunkten aus gesehen, das Gegengewicht gegen die Tätigkeit des Dschingis-Khan» – so Rudolf Steiner in demselben Vortrag.

Die reguläre Bewusstseinsentwicklung der Menschheit tendiert in unserem fünften nachatlantischen Zeitraum zur Ausbildung einer von altem visionärem Erleben gereinigten Beobachtungsfähigkeit einerseits und zur Ausbildung eines spirituell-imaginativen Schauvermögens andererseits, das aber von der inzwischen ausgebildeten Vernunft begleitet und kontrolliert werden muss. Gegen diese regulären Entwicklungstendenzen stürmten die beiden angeführten karikierten Tao-Impulse in mächtigster Weise an. Obwohl aber die damaligen ahrimanisch-luziferischen Tao-Absichten durchkreuzt werden konnten, sind die mit diesen Absichten verbundenen Gegentendenzen selbstverständlich nicht einfach für alle Zukunft unwirksam geworden. Vielmehr ist während des ganzen weiteren fünften nachatlantischen Zeitraumes, der noch rund 1500 Jahre dauern wird, mit ihrem zweifellos nicht schwächer werdenden Wirken durchaus zu rechnen.

9. D.N. DUNLOP UND DIE TAO-STRÖMUNG DES «GROSSEN» WESTENS

Wenden wir uns nun wieder jener anderen Tao-Strömung zu, die innerhalb der nordamerikanischen Saturn-Rasse im Vergleich zu den beiden Tao-Karikaturen gewissermaßen in regulärer Weise bis in die beginnende Neuzeit hinein weitergeflossen ist.

«Zu einzelnen Persönlichkeiten des Westens» habe sich die atlantische Hellsichtigkeit zurückgezogen, hatte Rudolf Steiner im Münchner Zyklus festgestellt. In Bezug auf den «Großen» Westen kämen nun als Hauptträger der bereits charakterisierten Bewahrungsaufgabe wohl in erster Linie solche Persönlichkeiten in Betracht, die sich zur einen oder anderen Zeit innerhalb der amerikanischen Saturn-Rasse inkarniert haben; wie gerade innerhalb dieser westlichen Rasse umfassende Tao-Geistigkeit bis in die Neuzeit hinein fortgelebt hat, haben wir in einem früheren Kapitel dargestellt.

Eine mit dem Tao-Strome im Allgemeinen und mit der Bewahrung taoistischer Geistigkeit im Besonderen tief verbundene Seele können wir in der Individualität D.N. Dunlops entdecken, dem diese kleine Schrift gewidmet ist.

9. D.N. Dunlop und die Tao-Strömung des Westens

Wenige Tage nach Dunlops Tod am Himmelfahrtstage des Jahres 1935 hatte Ita Wegman, die seit einem guten Jahrzehnt mit Dunlop freundschaftlich verbunden gewesen war, bei der Betrachtung des Antlitzes des Verstorbenen die folgenden, bereits im Vorwort erwähnten Impressionen:

«Und dann, nachdem er hinweggegangen war, fand die außerordentliche Verwandlung in Mr. Dunlops Gesicht statt. In diesem Antlitz trat sein ureigenstes Wesen zutage. Es zeigte die Spuren des Geistes in seiner wahren Gestalt, unbeeinflusst durch Nationalität und Erziehung oder durch die Mühen des Lebensalltags. Dies Antlitz war wie eine Offenbarung, es war, als ertönte von seinem Haupte her das Wort TAO, und ein Bild erschien, als gehöre dieses Antlitz zu einem Menschen, der den Offenbarungen des Großen Geistes lauschte. Ein Mensch, der mit aller Anstrengung dem Rauschen des Windes lauschte, der eins zu sein schien mit allem, was sich hinter der Natur verbirgt.»[25]

In diesem Zusammenhang erinnerte sich Wegman auch eines Wortes von Rudolf Steiner, der einmal bemerkt hatte, dass Dunlop «altwestliche Kenntnisse besitze» und die Aufgabe habe, «die Menschen über kosmische Zusammenhänge zu unterrichten». Nach einer anderen, von Bernard Lievegoed überlieferten mündlichen Äußerung Rudolf Steiners habe D.N. Dunlop einst mit nordamerikanischen Saturn-Mysterien in Verbindung gestanden. Sowohl diese Äußerungen Rudolf Steiners wie auch die oben angeführte Impression Ita Wegmans scheinen auf eine wichtige Inkarnation D.N. Dunlops innerhalb der Saturn-Rasse des Westens hinzudeuten.

Noch deutlicher und gleichsam greifbarer zeichnet sich die Spur in den «großen» Westen in einem Schau-Erlebnis ab, das Eleanor C. Merry, die langjährige Vertraute Dunlops, im Zusammenhang mit ihm einmal gehabt hat. Doch nicht nur das im Folgenden angeführte Erlebnis selbst; auch die sich anschließende kurze Gesprächsszene mit dem Freunde ist höchst aufschlußreich.

«Während unsere Freundschaft verschiedene Stadien durchlief, traten auch ganz verschiedene Seiten seines Wesens in Erscheinung», schreibt E.C. Merry in ihren autobiographischen Aufzeichnungen.[26]

«Anfangs trug er [...] viel Altöstliches an sich. Als ich Blavatskys *Geheimlehre* las, frappierten mich die mysteriösen Hinweise auf den Eingeweihten ‹Narada› [...] Dieser altorientalische Hauch war es, welcher der frühen Zeit meiner Bekanntschaft mit D.N.D. ihre besondere Färbung verlieh [...]»[27]

Später trat seine *Heilernatur* stärker hervor, und von diesem Zeitpunkt an brachte ich ihn gefühlsmäßig immer mit dem alten Westen in Zusammenhang. Etwas ganz anderes als die ‹Narada›-Eigenschaften zeigte sich nun: ein Element konzentrierter Wissenschaftlichkeit trat in den Vordergrund. Man konnte den Eindruck gewinnen, dass er nun mehr mit der Lebenssphäre des menschlichen Leibes sowie mit der Natur in Verbindung stand. Ich machte die überraschende Entdeckung, wie stark sein Mitgefühl für die Gebresten des physischen Leibes war und wie intensiv sein Wunsch, zu deren Heilung beizutragen.»

Gerade um diese Zeit, als die genannte Wesensschicht für E.C. Merry stärker in Erscheinung zu treten begann, lässt sich in Dunlops Leben eine Art objektiver Entsprechung zu diesem inneren «Schichtwechsel» feststellen:

«Etwa um diese Zeit forderte Dr. Steiner D.N. D. dazu auf, sich der medizinischen Arbeit in England sowie dem Aufbau der Weleda Company anzunehmen. Dieser Aufgabe widmete er sich mit großer Herzenswärme, und staunend musste ich feststellen, wie gut er sich in Heilmitteln auskannte und wie umfassend seine medizinischen Kenntnisse waren.»

Nach diesen mehr vorbereitenden Bemerkungen schließt sich nun in E.C. Merrys Aufzeichnungen die Schilderung des für unseren Zusammenhang bedeutsamen Schau-Erlebnisses an:

«Eines Tages hatte ich ein bemerkenswert klares Imaginationserlebnis, welches mir ihn – der Eindruck trat bereits *während* des Erlebens auf – in einer alten westlichen Inkarnation zeigte.

Ich sah einen Indianer, auf der Erde sitzend. Er war mit seiner leuchtenden Aura ‹bekleidet›, welche vom Haupt das Rückgrat hinunterstrahlte, in der gleichen Art, wie die heutigen Indianer ihre buntfarbenen Federn tragen. Vor ihm brannte eine Flamme, die der Wind zur Sichelform blies; und zu seinen Füßen lag eine Schlange. Er befand sich in tiefer meditativer Versenkung, und aus seiner Meditation heraus erstand vor seinem geistigen Auge eine mondenfarbene Lichtsäule, über die eine weibliche Gestalt – eine Mondgöttin – zur Hälfte hinausragte. Oben am Himmel glänzte Orion, während sich der Mond zum Horizont niedersenkte. Meditativ erforschte er das Wesen der Heilpflanzen.»

Von dem Erlebten malte E.C. Merry anschließend ein Bild, und als sie es D.N. Dunlop zeigte, stellte er lediglich fest, «dass schon AE» – Pseudonym für George William Russell, der Jugendfreund Dunlops aus seinen Dubliner Jahren – «dasselbe Bild von ihm geschaut habe». Dieser freilassende Kommentar Dunlops, der sich darauf beschränkt, die Übereinstimmung zweier Schau-Erlebnisse im Zusammenhang mit seiner Person zu konstatieren, mag angesichts der freundschaftlichen Verbundenheit mit E.C. Merry vielleicht erstaunen. Doch im Grunde spricht daraus seine Hochschätzung vor der freien individuellen Urteilsbildung: Gerade auf dem Felde okkulter Erlebnisse, so scheint diese kleine Szene sagen zu wollen, kommt es in der heutigen Zeit in erster Linie auf die Ausbildung eines selbständigen und souveränen Urteilsvermögens an. Sowenig Dunlop in expliziter Weise zu dem von Mrs. Merry Erlebten Stellung nimmt, so aufschlussreich ist sein Hinweis auf AE, den irischen Dichter, mit dem Dunlop auch das ganze spätere Leben hindurch gewissermaßen in unterirdischer Verbindung gestanden hat.

AE bemerkte einmal in einem Brief an W.B. Yeats, dass er zwar «ein gewisses keltisches Geisteselement in sich trage, doch nicht aus vielen Leben. Ich erinnere mich lebhaft an das alte Amerika und an Chaldäa.»[28] Spricht aus diesem Bekenntnis, insofern es sich auf das alte Amerika bezieht, vielleicht der tiefere Grund, weshalb auch AE seinen Freund in deutlicher Weise im alten Westen geschaut hatte?

Auf jeden Fall haben wir in diesem bis heute unterschätzten Dichter-Maler einen weiteren Repräsentanten jener Persönlichkeiten des Westens zu sehen, deren Aufgabe es ist, atlantische Hellsichtigkeit für spätere Zeiten zu bewahren. Denn dass er aus einem tiefen Brunnen ursprünglicher Geist-Erlebnisse zu schöpfen vermochte, dies können schon ein paar wenige Seiten seiner bedeutendsten Werke lehren. Wir müssen uns damit begnügen, in diesem Zusammenhang auf AEs autobiographisches Buch *The Candle of Vision* zu verweisen und aus seinem Werk *The Avatars* folgendes Gedicht anzuführen:

Dark holy magic,
To steal out at dawn,
To dip face and feet in grasses
The dew trembles on,

Ere its might of spirit healing
Be broken by the dawn.

O, to reel drunken
On the heady dew;
To know again the virgin wonder
That boyhood knew;
While words run to music, giving voices
To the voiceless dew.

They will make, those dawn-wandering
Lights and airs,
The bowed worshipping spirit
To shine like theirs.
They will give to thy lips an aeolian
Music like theirs.

10. INNERE VERBINDUNG ZWISCHEN DEM «KLEINEN» UND DEM «GROSSEN» WESTEN

Thou calls't me up at midnight to fetch dew
From the still-vex'd Bermoothes ...

Shakespeare, *Tempest*, I,2

Wir haben gesehen, wie die Bewahrung atlantischer Hellsichtigkeit einerseits mit den hybernischen Mysterien aufs engste verknüpft war, andererseits aber auch mit den bis in die Neuzeit fortwirkenden Tao-Impulsen innerhalb der Saturn-Rasse Nordamerikas. Schon allein diese, wenn auch in ganz verschiedener Art gelöste gemeinsame Aufgabe deutet auf einen tiefen inneren Zusammenhang zwischen den beiden Westen hin.

Bis in die ersten christlichen Jahrhunderte hinein fahren nach Rudolf Steiners spiritueller Geschichtsforschung[29] vom Norden und Westen Europas, in der Hauptsache von Norwegen, aber auch von Irland aus, routinemäßig Schiffe nach dem noch «unentdeckten» Amerika hinüber. Noch heute künden archäologische Funde von diesen frühen Westfahrten, so etwa die alten irischen Glocken, die in Labrador gefunden wurden. Durch einen regen Schiffsverkehr reichten sich die einstigen Randzonen der versunkenen Atlantis durch lange Zeiten hindurch die Hände. Dies vollzog sich im Zusammenhang mit einem ganz besonderen Ziele einer noch mit Hellsichtigkeitskräften arbeitenden alten Wissenschaft: Die West- und Nordeuropäer studierten bei ihren Amerikabesuchen bestimmte Krankheits- und Therapieformen, die innerhalb der Saturn-Rasse auftraten respektive entwickelt wurden.

Es waren dies Krankheitsformen, die mit den auf der westlichen Halbkugel viel stärker wirkenden unterirdischen elektrisch-magnetischen Kräften zusammenhingen. In diesen, der offiziellen Geschichtsschreibung gänzlich unbekannten «Studienreisen» vom kleinen Westen in den großen Westen haben wir nach einem Hinweis Rudolf Steiners[29] den eigentlichen Ursprung der ganzen späteren europäischen Mysterienmedizin zu sehen. Ein gewisser Teil des kleinen Westens stand damit bis in die ersten christlichen Jahrhunderte hinein mit ganz bestimmten Impulsen des großen Westens in Verbindung.

Wer hat diese «Studienreisen» inspiriert oder organisiert? Denn die Annahme, dass es sich sozusagen um improvisierte Abenteuerfahrten gehandelt hätte, verbietet sich schon allein durch den zielgerichteten Charakter dieser Reisen.

Standen diese Reisen vielleicht in einem Zusammenhang mit den hybernischen Mysterienvorgängen und mit der maßgeblichen Eingeweihtengestalt dieser Mysterien? Verschiedene Indizien deuten darauf hin, dass das tatsächlich der Fall gewesen sein muss, auch wenn dies weder von der äußeren Geschichtsforschung bestätigt werden kann noch eine diesbezügliche Äußerung Rudolf Steiners vorliegt.

An den innerhalb der Saturn-Rasse auftretenden, bis in den physischen Leib hinein wirkenden eigentümlichen Krankheitskräften sowie durch die Bemühung, die entsprechenden Heilprozesse kennenzulernen, konnte auch eine tiefe Einsicht in die gesunde Natur des physischen Leibes gewonnen werden, ja eine solche Einsicht musste der Entwicklung spezifischer Heilmethoden sogar vorangehen. Gerade die tiefere Einsicht in die physische Menschennatur und damit auch in das Wesen nicht nur der ätherischen, sondern auch der tieferen physischen Gesundheitskräfte stellt aber gewissermaßen das besondere «Lehrgut» von Skythianos dar. Wie sehr auch innerhalb der hybernischen Mysteri-

10. Verbindung von «kleinem» und «großem» Westen 67

en gewisse Vorgänge im physischen Organismus des Menschen gewissermaßen zum Ausgangspunkt weit reichender Initiationserkenntnisse wurden, haben wir in einem früheren Kapitel angedeutet.

So kann sich aus dem bisher Dargestellten ergeben, dass auch die tieferen Intentionen jener alten Amerikabesuche mit dem Wirken von Skythianos in einem Zusammenhang gestanden haben *müssen*. Ja, auch mit dem zeitlich viel länger anhaltenden Fortwirken atlantischer Hellsichtigkeit im großen Westen scheint dieser Eingeweihte zusammenzuhängen. Denn als die hybernischen Mysterien in den ersten christlichen Jahrhunderten allmählich ihre Pforten schlossen, wird für viele folgende Jahrhunderte der große Westen der wichtige Schauplatz, auf welchem alte atlantische Hellsichtigkeit für spätere Zeiten bewahrt wurde.

Rudolf Steiner sprach einmal zu Friedrich Rittelmeyer davon, dass Skythianos zwischen sechs anderen «Meistern» «wandere»: «Er halte die Verbindung: zwei im Osten, zwei im Westen, Meister Jesus und Christian Rosenkreuz in der Mitte.»[30] Dieser Äußerung können wir im weiteren Zusammenhang entnehmen, dass Skythianos zu bestimmten Zeiten auch im großen

Westen, sozusagen an Ort und Stelle für die Bewahrung atlantischer Hellsichtigkeit gesorgt haben wird; denn sie weist uns darauf hin, dass das Wirkensfeld gerade dieses Eingeweihten gewissermaßen «globaler» Art ist. Dass er daneben auch in der zunächst für den europäischen Westen begründeten Rosenkreuzerströmung maßgeblich wirkte, wurde bereits dargestellt.[31]

11. EIN TAO-ERLEBNIS IM 20. JAHRHUNDERT

Fassen wir nun noch einmal die Gestalt D.N. Dunlops ins Auge, denn er ist zweifellos in den Umkreis jener Persönlichkeiten des Westens zu rechnen, die unter der Lenkung von Skythianos atlantische Hellsichtigkeit zu bewahren hatten und haben. Können wir, abgesehen von den bereits angeführten Hinweisen Ita Wegmans, E.C. Merrys und Rudolf Steiners auf Dunlops Zusammenhang mit der Tao-Geistigkeit, in seinem Leben selbst solche Hinweise finden? Sie lassen sich in der Tat finden, wenn man seine Schriften und Aufsätze einmal von diesem Gesichtspunkt aus betrachtet.

Wenige Monate vor Kriegsausbruch bringt Dunlop in der von ihm herausgegebenen Zeitschrift *The Path* unter der anspruchslosen Rubrik «Editorial Notes» ein Ostererlebnis zur Darstellung, das in Bezug auf die Erlebnisform, die sich in ihm ausspricht, durchaus als modernes Tao-Erlebnis bezeichnet werden kann.[32] Diese bemerkenswerten «Editorial Notes» haben den folgenden Wortlaut:

«Wie gut, dass mich diese wunderbaren Frühlingstage auf der ‹Insel Avalon› finden, die mit den Legenden von König Artus und dem Heiligen Gral verknüpft ist. In solchen Augenblicken der Entspannung wird man sich nicht so schnell einer Sorge hingeben; die Sonne wird zu einem Quell des Verstehens; die Erhabenheit des göttlichen Intellektes breitet sich über alle Dinge; und inmitten einer derartigen Umgebung kann sich jener tranceähnliche Yoga-Zustand, in welchem die Natur schweigend ihr Werk vollzieht, viel leichter offenbaren. Die sichtbare Welt, die sich in solcher Pracht zeigt, erscheint als Offenbarung des einen Gotteswesens; alle metaphysischen Erwägungen schmelzen dahin; jede einzelne schöne Erscheinung ist ein Juwel, der vom Gold der Sonne verwandelt wird.

*

Kann ich da anders, als mich der Nachdenklichkeit hinzugeben? Was sind wertvolle, was sind schuldvolle Handlungen für mich, was die Ergebnisse von Gut und Böse? Ich tilge sie vollständig aus dem Bewusstsein. Ich wende den Blick den Bäumen zu; erkenne, dass auch mein Leib ein Baum ist, der seine Jahreszeiten hat, der sich von Säften nährt und von Wünschen gehegt wird. Auch dieser Baum hat seine Äste. Ist

11. Ein Tao-Erlebnis im 20. Jahrhundert

nicht der Geist der Stamm, die Seele die Wurzel des Geistes und die Wurzel von diesen beiden der eine große Urgrund von allem? Sind nicht alle Handlungen fruchtlos, die nicht vom Wunsch befeuchtet werden? Dieser Garten, in dem ich sitze, ist das Heim der Geistesruhe, und in solcher Verfassung betrachte ich das Fest des Lebens. Im lärmigen Leben der Städte der Welt sammeln die Menschen unruhigen Geistes wertlose Schätze, mit dem gleichen Vergnügen, mit welchem ich diese duftenden Frühlingsblüten sammle, um im heiligen Schrein meines Herzens der Gottheit meine Opfergabe darzubringen.

Ich glaube, nun verstehe ich, was der Nirwana-Zustand ist (ich werde es zweifellos bald wieder vergessen haben). Indem ich allen abgesonderten Besitz begraben habe, ist mir in Wahrheit nichts verloren gegangen. Ist es ein ‹Leerraum›, in welchem ich so ruhig sitze? Wenn ja, so wird er zum Gefäß für alle Erkenntnis. Wie geschützt und sicher weiß sich die Seele in einem solchen Hafen der Ruhe! Fallen die gesonderten Formen mit ihren verschiedenen Namen meinem Vergessen anheim, so zeigt sich dem inneren Blick die *Substanz*, aus der sie alle entstanden sind. Sobald die Schatten, von all diesen einzelnen Formen geworfen, dem Kreis meines Bewusstseins entschwinden, tritt Stille des Geistes ein, wird der Spiegel der Seele rein, wird das Firmament klar, scheint die Sonne der Wahrheit. Diese kleinen Hügel, diese Bäume und Pflanzen, diese Gewässer und der Duft der Blüten: aus der Essenz solchen glückhaften Geistes erstehen sie alle. Umspannt diese Geistes-Essenz, gleich wie das Licht des Tages, alle Dinge und enthält sie alle Welten? Ja, nun erkenne ich, dass alle diese wundervollen Naturerscheinungen in mir selbst keimen, dass diese zahllosen Welten der sichtbare Ausdruck meiner selbst sind. Die Sphäre des Weltalls ist meine eigene Sphäre. Ich schaue mich in allen Dingen und bleibe im Frieden. Der Schmetterling tanzt vor mir im Sonnenlicht, während ich unter dem Schatten des Baumes im Innern erleuchtet werde. Ich erkenne, dass das höchste Wesen, wo immer es weilt, von diesen wunderbaren und mannigfaltigen Welten begleitet ist. In jedem Dinge ist es gegenwärtig – in der bewohnbaren Erde wie im Wasser – alle meine Worte können von seinem wahren Wesen nur eine irrige Vorstellung hervorrufen.

*

11. Ein Tao-Erlebnis im 20. Jahrhundert

Draußen vor meinem Garten des Friedens herrscht Drangsal. Soll ich mich dadurch ebenfalls bedrängen lassen? Wird meine Seele inmitten der reißenden Wasser des Lebens das Wesen ihres Urbilds in sich bewahren können, dem Lotos ähnlich, der fest verwurzelt bleibt, mitten im See, auch wenn seine Wasser noch so stürmisch werden? Jawohl, sofern ich in diesem Bewusstseinszustand verwurzelt bleiben kann. Das menschliche Herz ist zarter Natur; nur allzu leicht wird es vom Geflecht der Gefühle bedrängt; bald fließt es in Liebe dahin, bald murmelt es leise in Sorge. Doch der ‹Äther› im Herzen verändert sich nicht: er ist die unermessliche Wirklichkeit, die von keiner Säule gestützt zu werden braucht. War es nicht der Gott Indra, der, von seinen Feinden verfolgt, den Moment benützte, als sie ihn aus dem Auge verloren, und im Schoß eines Atomes verschwand wie die Biene im Kelch einer Blüte? Hier fand er augenblickliche Ruhe, entdeckte den Königspalast, aus dem er geflohen war, und herrschte über sein Reich der Imagination. Auch dem sorgenschwersten Herzen werden hin und wieder Atempausen gewährt, und weise ist, wer in solchen Momenten das nötige Atom im Sonnenstrahl findet, das sich als Eingang zum Frieden und zum Palaste des Himmels erweist.

*

Draußen kehren die Menschen aus der Kirche zurück, wo zweifellos das Osterfest gefeiert worden ist. Haben auch sie, so frage ich mich, das Fest der Auferstehung erlebt, wie ich es unter dem Baum in dem Garten erlebte? Haben sie gesehen, wie der Christus seine Hände über die ganze Schöpfung breitet? Wie seine Füße bis ans Ende der Welt reichen, sein Gesicht und seine Augen überall zu finden sind, wie sein Haupt alle Sphären durchdringt? Haben sie den Herrn erlebt, wie er in allen Dingen ein- und ausgeht; den einen Weltenozean; den einen in Sonne und Mond, das eine Land auf der ganzen Erde? Wie begrenzt meine Schau auch sein mag: er wohnt in aller Menschensitte und in allem Menschendenken, in den Teilen des Atoms wie im umfassenden Weltall. Tausende von Christus-Bildern sind vorbeigezogen und ziehen noch immer vorbei; doch alle diese Bilder verschwinden, wenn der Christus in allem geschaut wird. Ist nicht der grenzenlose Himmel seine Krone? Die Erde sein Schemel? Das ganze Weltall sein Tempel?

*

11. Ein Tao-Erlebnis im 20. Jahrhundert

Eine Glocke läutet, und ich verlasse den Garten; doch zuvor sende ich Botschaften und Geschenke an die weit verstreuten Kinder des Reiches des Geistes, die von Zeit zu Zeit diese mystische Schau mit mir geteilt haben. Kommen uns nicht aus solchen Schau-Erlebnissen die Kräfte zur Erfüllung unserer verschiedenen Geschicke? Der größte Fleck der Erde ist der kleine Hügel der inneren Schau. Wie armselig sind die hängenden Gärten von Babylon dagegen! Dies ist der ewigwährende, ewig-grünende Hügel mit den währenden Wassern, an denen die Mutter ihre Nachkommen aufzieht: die heroischen Kinder. Vielleicht bereitet heute, an einem stillen Fleck wie diesem, in aller Ruhe der gute Engel[33] der Menschheit die künftigen Retter der Welt. Seid heiterer Stimmung, ihr alle, die ihr eine Weile in Einsamkeit lebt.»

*

Mehrere Schichten können in diesem zweifellos ziemlich frei gehaltenen Erlebnisbericht, in dem auch manches bewusst unausgesprochen zu bleiben scheint, unterschieden werden. Beschränken wir uns zunächst auf den Versuch, die Tao-Schicht in aphoristischer Weise herauszuheben.

«Die Sonne wird zu einem Quell des Verstehens; die Erhabenheit des göttlichen Intellektes breitet sich über alle Dinge.» Ähnlich verehrungsvoll blickte auch der alte Atlantier zum Großen Geist der Sonne auf. Auch ihm war «die sichtbare Welt, die sich in solcher Pracht zeigt», eine «Offenbarung des einen Gotteswesens» – des großen Tao-Geistes.

Dann zeigt sich der Leib dem Baum, der Geist dem Stamm und die Seele der Wurzel verwandt. Als gottgeschaffen erlebt sich der Schauende, denn die «Wurzel von diesen beiden» (Geist und Seele) ist wiederum «der eine große Urgrund von allem».

«Ja, nun erkenne ich, dass alle diese wundervollen Naturerscheinungen in mir selbst keimen, dass die zahllosen Welten der sichtbare Ausdruck meiner selbst sind.» Was für ein «Selbst» spricht hier, das in solcher Art die umfassende Einheit von allem Innen und allem Außen erlebt? Das sagen kann: «Die Sphäre des Weltalls ist meine eigene Sphäre.» So kann niemals das ‹egoistische› Selbst sprechen, so kann nur ein Selbst sprechen, das sich über den Dualismus von Innen und Außen, Geist und Materie in konkreter Weise zu erheben in der Lage ist.

11. Ein Tao-Erlebnis im 20. Jahrhundert

«Ich erkenne, dass das höchste Wesen, wo immer es weilt, von diesen wunderbaren und mannigfaltigen Welten begleitet ist. In jedem Dinge ist es gegenwärtig […]» Im Rauschen des Windes, im Wogen des Wassers usw.: überall tönte dem Atlantier das Tao entgegen.

«Ich schaue mich in allen Dingen und bleibe in Frieden»: Wie eine Geistessonne erscheint hier das Ich, das alles bestrahlt und in allem sich selber erkennt. «Tat Tvam asi» hätte der alte Inder gesagt. Und im «Äther des Herzens» sorgt dieses sonnenhafte Ich für Geistesruhe. Denn zum Herzen gehört es, das durch und durch Sonnenverwandte, das von den Geistern der Sonne einst entzündet wurde …

Ist es im Übrigen ein Zufall, dass sich dieses mystische Erlebnis in einer Umgebung abspielte, die einst spezifisch mit den Artus-Geschehnissen verbunden war? Klang doch in der Artusströmung noch etwas vom Tao-Impuls nach, wie er auch in den hybernischen Mysterien waltete?

12. VOM TAO-EMPFINDEN BEI GOETHE

Ist solche Erlebnisart gewissermaßen das alleinige Privileg bestimmter Individualitäten, die in ihrem Gang durch verschiedene Inkarnationen in besonderer Weise mit dem Bewahren alten Tao-Erlebens verbunden sind, sodass sie dieses Erleben, wenn auch in modifizierter Form, in die Moderne hinübertragen können? Und der Rest der Menschheit bliebe von solcher Erlebnisform doch endgültig abgeschnitten?

Im Allgemeinen lebt ja der moderne Mensch, wie wir am Anfang dieser Schrift festgestellt haben, abgesehen von der kurzen Phase der frühen Kindheit, nicht mehr in Einheit mit der Natur. Das scharf ausgeprägte Gegenstandsbewusstsein lässt ihn allen Dingen als selbstbewusstes Ich *gegenüber*treten. *In* diesem Selbst oder Ich wird nicht mehr Welt erlebt; denn seine einstmals reiche Inhaltsfülle (Weltfülle) musste gleichsam auf einen inneren Punkt zusammenschrumpfen, dem die Welt nun als eine *äußerliche* gegenübergestellt ist. Die Ich/Welt-*Spaltung* ist das Hauptkennzeichen der modernen alltäglichen Bewusstseinsform. Auf diesen Tatbestand hat Rudolf Steiner im 2. Kapitel seiner *Philosophie der Freiheit* in aller Deutlichkeit hingewie-

12. Vom Tao-Empfinden bei Goethe

sen, und wir haben seine Charakterisierung dieser modernen Bewusstseinstatsache zu Beginn unserer Betrachtung angeführt. Dabei haben wir auch darauf hingewiesen, dass sich dieser Bewusstseinsdualismus jedoch nicht auf den *ganzen* Menschen erstreckt und also nicht verabsolutiert werden darf; widerspricht doch das gesunde *Gefühl* auch eines modernen Menschen dem scharfen Dualismus von Ich und Welt, wie ihn das helle Tagesbewusstsein zunächst konstatieren muss.

Eine Individualität, die gerade diesem Gefühle ein besonders geschärftes Gehör verleihen konnte und die es vermochte, neben aller Kultivierung der Fähigkeiten des hellen Tagesbewusstseins der Sprache solchen Gefühls in ihrem Schaffen besonderen Ausdruck zu verleihen, haben wir in Goethe zu sehen. Außerordentlich aufschlussreich und für unseren Zusammenhang höchst bedeutungsvoll ist es, dass Rudolf Steiner den bekannten Goetheschen *Hymnus an die Natur*, aus welchem wir am Eingang unserer Betrachtungen einen essentiellen Satz zitiert haben, einmal in der folgenden Weise charakterisiert hat: «*Goethe hat die Tao-Empfindung nachgefühlt in den Worten, die er an die Natur richtete in dem ‹Hymnus an die Natur›.*»[34]

Das Grundgefühl der Einheit zwischen Mensch und Natur, das alle Trennung nur als ein Schicht-Phänomen gelten lässt – dies war gewissermaßen die Seelenluft, die Goethes Schaffen inspirierte. Leicht wäre dies anhand von zahlreichen Stellen seiner Werke nachzuweisen. So sei zum Beispiel an jene von Rudolf Steiner oftmals zitierte Passage aus Goethes Nachruf auf Winckelmann erinnert: «Wenn die gesunde Natur des Menschen als ein Ganzes wirkt, wenn er sich in der Welt als in einem großen, schönen, würdigen und werten Ganzen fühlt, wenn das harmonische Behagen ihm ein freies Entzücken gewährt – dann würde das Weltall, wenn es sich selbst empfinden könnte, als an sein Ziel gelangt aufjauchzen und den Gipfel des eigenen Werdens und Wesens bewundern. Denn wozu dient all der Aufwand von Sonnen und Planeten und Monden, von Sternen und Milchstraßen, von Kometen und Nebelflecken, von gewordenen und werdenden Welten, wenn sich nicht zuletzt ein *glücklicher Mensch unbewusst* seines Daseins erfreut?»

Oder denken wir an jenes Zwiegespräch des Faust mit der Natur (*Faust*, 1. Teil, «Wald und Höhle»), nachdem sein in tiefen Schlaf erstarrtes Gefühl des lebendigen Einsseins mit der Welt durch die Begegnung mit Gretchen erneut in ihm geweckt worden war:

> *Erhabner Geist, du gabst mir, gabst mir alles,*
> *warum ich bat. Du hast mir nicht umsonst*
> *dein Angesicht im Feuer zugewendet.*
> *Gabst mir die herrliche Natur zum Königreich,*
> *Kraft, sie zu fühlen, zu genießen.*
> *Nicht kalt staunenden Besuch erlaubst du nur,*
> *vergönnest mir, in ihre tiefe Brust,*
> *wie in den Busen eines Freunds zu schauen.*
> *Du führst die Reihe der Lebendigen*
> *vor mir vorbei und lehrst mich meine Brüder*
> *im stillen Busch, in Luft und Wasser kennen.*

Als einen solchen «glücklichen Menschen», dem alle Naturerscheinungen zu Freundesgesten eines erhabenen Geistes werden, mit dem er sich in seinem tiefsten Selbst eins fühlt, haben wir im letzten Kapitel auch D.N. Dunlop kennengelernt. Und auf den Wegen solcher Gefühlsvertiefung wandelnd, kann auch ein moderner Mensch die Empfindung ausbilden, vom Wirken des erhabenen Geistes umfangen zu sein.

Zur Kultivierung einer solchen modernen Tao-Empfindung gibt es eine geradezu klassische Tao-Betrachtung, wie den folgenden Worten Rudolf Steiners zu entnehmen ist: «Die Weisheit der Atlantis verkörpert sich im Wasser, im Tautropfen. *Tau, unser deutsches Wort Tau, ist nichts anderes als jener alte atlantische Laut.* So wollen wir mit Ehrfurcht und Andacht jedes Tautröpfchen betrachten, das am Grashalm blinkt, als heiliges Vermächtnis jener Zeit, wo das Band zwischen Menschen und Göttern noch nicht zerrissen war.»[35]

So kann die Betrachtung des Tautropfens zum lebendigen Inbegriff aller Naturbetrachtung werden, die von Tao-Empfindung durchzogen ist. Gesundes Fühlen kann auch heute dieser Empfindung entgegenstreben.

Auch für das gesunde Empfinden von musikalischen Tonfolgen und (eurythmischen) Bewegungen hat Rudolf Steiner eine Art klassische «Tao-Meditation» hinterlassen.[36] Seiner Angabe gemäß entspricht der Lautfolge TAO die Tonfolge H, A, E, D, wobei H und A dem T entsprechen und zusammen erklingen müssen.[37] Wer diese absteigende Tonfolge durchempfindet und sein Empfinden in die entsprechenden eurythmischen Gesten einfließen lässt, der gewinnt «in dem Tao ein wunderbares Mittel […], die innere Leiblichkeit geschmeidig, innerlich biegsam, künstlerisch gestaltbar für die Eurythmie zu machen, weil […] das eine innere Kraft gibt», die sich «auf alles Eurythmisieren übertragen» lässt.

Erklang dem alten Atlantier im Tao vornehmlich das Ich, das, von den Geistern der Form gespendet, auch die Hülle des physischen Leibes gestaltend durchdringt, so kann die eurythmische Tao-Meditation gerade die formenden Ichkräfte wachrufen, denn sie sind es, die die «Leiblichkeit geschmeidig […] biegsam und gestaltbar […] machen».

13. *DIE PHILOSOPHIE DER FREIHEIT* ALS WEG ZUM ZEITGEMÄSSEN TAO-ERLEBEN

Selbst innerhalb des Tao-Empfindens erfreut sich der «glückliche Mensch» nach Goethes eigenem Wort nur «unbewusst» seines Daseins. Wenn dies sicherlich nicht ganz wörtlich aufzufassen ist, so ist damit doch auf die wichtige Tatsache gedeutet, dass alle Gefühle und Empfindungen des Menschen – einschließlich der Tao-Empfindung des umfassenden Einsseins von Mensch und Welt – verglichen mit dem Bewusstseinsgrad des Wahrnehmens und des Vorstellens relativ unbewusst sind, das heißt mit einem geringeren Bewusstseinsgrad auftreten. Daraus ergibt sich die Frage: lässt sich auch ein Tao-Erleben kultivieren, das denselben Bewusstseinsgrad hat (oder vielleicht sogar einen noch höheren) wie das in Wahrnehmungen und Vorstellungen lebende Tagesbewusstsein? Die Frage lässt sich zuspitzen: wie verhält sich die Tao-Empfindung *zum Denken*, in welchem der heutige Mensch *die allergrößte Bewusstseinswachheit* erleben kann? Aus wessen Fühlen nicht mehr mit einer gewissen naiv-instinktiven Sicherheit das Tao-Empfinden hervorsprießen kann – und das dürfte heute bei zahlreichen Zeitgenossen nicht mehr ohne weiteres der Fall sein –, für den kann die obige Frage zum Ausgangspunkt eines *vollbewussten* Tao-Erlebens werden.

Einen solchen zeitgemäßen Übergang von der bewusstseinsdumpferen Tao-Empfindung zu einem vollbewussten Tao-Erleben hatte Rudolf Steiner im Auge, als er im Anschluss an seine Charakterisierung des Goetheschen Tao-Empfindens die Forderung ausspricht: «Dieser Empfindungsinhalt muss herausgehoben werden ins volle, helle Tagesbewusstsein.»[34] In seiner rund zehn Jahre vorher erschienenen *Philosophie der Freiheit* hatte Steiner diese seine eigene Forderung bereits erfüllt. In klarster Weise zeigt er den «Punkt» innerhalb des modernen Tagesbewusstseins auf, an welchem sich dieser Übergang zum vollbewussten Tao-Erleben vollziehen kann.

Wer sich lange Zeit der Natur entfremdet hat und sich in scharfem Gegensatz zu ihr erlebt, wird über kurz oder lang von der Sehnsucht ergriffen werden, den verlorengegangenen Zusammenhang wieder zu finden. «Zurück zur Natur» hatte einst Rousseau ausgerufen und mit diesem Worte der mächtigen Sehnsucht einer aufklärungskranken Epoche Ausdruck verliehen. Doch die Natur, von welcher Rousseau und seine Nachfolger träumten, ist nur die *Außenseite* der wahren Natur; denn ihrem Wesen nach ist sie geistiger Art – für jeden Atlantier eine selbstverständliche Erlebnistatsache.

«Wir haben uns zwar losgerissen von der Natur; aber wir müssen doch etwas mit herübergenommen haben *in unser eigenes Wesen*», setzt Rudolf Steiner Rousseau entgegen. «Dieses *Naturwesen in uns* müssen wir aufsuchen, dann werden wir den Zusammenhang auch wieder finden.» Damit kann nicht etwa die nur materielle Seite unseres Leibes gemeint sein, denn dieser grenzt uns von der übrigen «Natur» gerade ab. Vielmehr muss uns «das ihr Gleiche in unserem eigenen Innern der Führer sein».

Keine Rousseausche Zuwendung zur *äußeren* Natur also, sondern die Erforschung unseres eigenen Wesens kann uns das «Naturwesen in uns» finden lassen: «Wir wollen hinuntersteigen in die Tiefen unseres eigenen Wesens, um da jene Elemente zu finden, die wir herübergerettet haben bei unserer Flucht aus der Natur.»[2]

Diese «Elemente» oder dieses innere «Naturwesen» müssen nun per se eine ganz bestimmte Doppeleigenschaft haben, wenn sie zum Aus-

13. *Die Philosophie der Freiheit* und heutiges Tao-Erleben 87

gangspunkt modernen Tao-Erlebens werden sollen: Sie müssen Inneres wie Äußeres gleichermaßen umspannen, sich also gewissermaßen jenseits von nur Subjektivem oder nur Objektivem befinden. Diese notwendige Doppeleigenschaft des inneren «Naturwesens» charakterisiert die *Philosophie der Freiheit* folgendermaßen: «Wir müssen an einen Punkt kommen» – und zwar in voller Bewusstheit –, «wo wir uns sagen können: Hier sind wir nicht mehr bloß ‹Ich›» – und als solches «bloßes» Ich immer in scharfem Gegensatz zur «bloßen» Welt –, «hier liegt etwas, was mehr als ‹Ich› ist.»[2]

Das ganze 3. Kapitel der *Philosophie der Freiheit* ist von einem gewissen Gesichtspunkt aus betrachtet nichts anderes als die exakte Bestimmung dieses «Punktes». Und es ist wichtig, zu erfassen, dass das Wesen dieses merkwürdigen «Punktes», der nach Rudolf Steiners eigener Charakterisierung ja nichts Geringeres zu leisten hat, als Inneres und Äußeres realiter zu umspannen und damit über den für das gewöhnliche Bewusstsein geltenden und ihm als unüberbrückbar erscheinenden Gegensatz von Innen und Außen hinauszuführen, in diesem Kapitel wirklich in klarster Weise bestimmt wird. *Denn als das Wesen dieses «Punktes» oder dieses «Natur-*

wesens in uns» entpuppt sich nichts anderes als das Denken mit seinen zwei Grundseiten Akt und Inhalt.

Der Denk*akt* ist in gewissem Sinne «bloß Ich», das heißt eine Tätigkeit, die weder vom physischen Leibe noch von der Sphäre der Erinnerungen oder Gefühle, noch von jener der bereits gebildeten Vorstellungen und Begriffe ausgehen kann, sondern einzig und allein von dem Ich, das die Wahrheit sucht. Mit dem Allersubjektivsten (Willenstätigkeit des Ich) haben wir es hier zu tun; allerdings kann es nicht die Subjektivität des Egos sein, die im Denkakt wirkt, sondern allein dasjenige, was man reines Denk-Ich nennen kann und für welches kein anderes Bestreben maßgeblich ist als das Bestreben, reine Begriffe zur Erscheinung zu bringen.

Diese Begriffe oder Denk*inhalte* andererseits haben wir ihrem Inhalte nach als von uns selbst unabhängige und durch sich selbst bestimmte anzusehen. Wir bringen sie in unserem individuellen Bewusstsein nur zur Erscheinung. Kein Mensch kann einen Begriffsinhalt «erfinden», «selbst machen» oder seinem Inhalte nach verändern.

Ebensowenig wie die Begriffs- und Ideeninhalte von jemandem «gemacht» werden können und wir sie vielmehr in der Geistschicht der Welt vorfinden und durch das geistige Wahrnehmungsorgan des Denkens in aktiver Weise erfassen können, ebensowenig kann irgendetwas anderes als das reine Ich des Menschen die Denktätigkeit bewirken.

Diese Tätigkeit ist, genau betrachtet, keineswegs *nur* eine subjektive. Denn sie ist eine gesetzmäßige; sie gehorcht einem Gesetz, das für alle denkenden Subjekte ein und dasselbe ist. Alle «subjektiven» Denkakte unterliegen diesem objektiven Gesetz. Dieses Gesetz der Denktätigkeit ist also ebenso objektiv wie die durch sie zur Erscheinung gebrachten Inhalte. Wäre die Denktätigkeit *nur* subjektiv, könnte sie auch nur subjektive Inhalte zu Tage fördern.

Die Denkinhalte nun sind jene «Elemente», die wir «bei unserer Flucht aus der Natur herübergerettet haben»; das «Naturwesen in uns» ist die Fähigkeit, solche Inhalte in unserem Bewusstsein zur Erscheinung zu bringen. Insofern die subjektiv-objektive Denktätigkeit zu objektiven Denkinhalten führt, kann wirklich vom «Tao-Punkt» des Denkens gesagt werden: «Hier sind wir nicht mehr bloß ‹Ich›, hier liegt etwas, was mehr als ‹Ich› ist.»

*

Die reinen Begriffsinhalte als die «Elemente», die wir bei unserer Flucht aus der Natur «gerettet» haben, sind ihrem Wesen nach vollkommen übersinnlicher Natur. Dies kann nicht in vollem Umfang von den sinnlichkeitserfüllten *Vorstellungen* gesagt werden, die Rudolf Steiner als «individualisierte Begriffe» bezeichnet.

Jede Theorie, die zu erweisen sucht, dass die allgemeinen reinen Denkinhalte – also zum Beispiel der allgemeine Begriff «Dreieck», im Gegensatz zur Vorstellung eines ganz bestimmten, «vorstellbaren» und veranschaulichbaren Dreiecks – über allerhand Umwege letztlich immer aus der Sinneswelt herrühren und aus dieser abstrahierbar seien, sägt sich selbst den Ast ab, auf dem sie zu ruhen meint. Denn aus welchen Phänomenen oder Vorgängen der Sinneswelt sollte zum Beispiel der Begriff des Abstrahierens selbst abstrahierbar sein? Diese übersinnliche Natur aller reinen Denkinhalte aufzuzeigen war eines der Hauptanliegen von Rudolf Steiners grundlegenden Schriften.

Entsprechend der nichtsinnlichen Natur der allgemeinen Denkinhalte oder der geistigen Natur-«Elemente», wie wir sie auch nennen können, erweist sich das «Naturwesen in uns» als eine Fähigkeit der *Hellsichtigkeit*, sofern wir mit

13. *Die Philosophie der Freiheit* und heutiges Tao-Erleben   91

diesem Ausdruck zunächst ganz allgemein jedes Wahrnehmungsvermögen für nichtsinnliche oder übersinnliche Weltinhalte bezeichnen. Rudolf Steiner sprach einmal geradezu von der «Perle» dieser Hellsichtigkeit, die in den alltäglichen wie wissenschaftlichen Verrichtungen des Denkens offen daliegt und doch zumeist übersehen wird, da man sich unter «Hellsehen» gemeinhin ganz andere, viel Spezielleres beinhaltende «Vorstellungen» macht. Womit jeder diese kostbare Perle übersehende moderne Mensch von Rudolf Steiner verglichen wird, möge dem Leser nicht vorenthalten werden:

«Verzeihen Sie einen etwas groben Vergleich. Wenn eine Perle am Wege liegt, und ein Huhn findet sie, so schätzt das Huhn die Perle nicht besonders. Solche Hühner sind die modernen Menschen zumeist. Sie schätzen die Perle, die ganz offen daliegt, gar nicht […], sie schätzen etwas ganz anderes, sie schätzen nämlich ihre Vorstellungen.

Niemand könnte abstrakt *denken*, wirkliche Gedanken und Ideen haben» – die also nicht mit den sinnlichkeitserfüllten Vorstellungen zu verwechseln sind –, «wenn er nicht hellsichtig wäre, denn in den gewöhnlichen Gedanken und Ideen ist die Perle der Hellsichtigkeit von allem Anfange an. Diese Gedanken und Ideen entstehen genau durch denselben Prozess der Seele, durch den die höchsten Kräfte entstehen. Und es ist ungeheuer wichtig, dass man zunächst verstehen lernt, dass *der Anfang der Hellsichtigkeit* etwas ganz Alltägliches eigentlich ist: man muss nur die übersinnliche Natur der Begriffe und Ideen erfassen. Man muss sich klar sein, dass aus den übersinnlichen Welten die Begriffe und Ideen zu uns kommen, dann erst sieht man recht. Wenn ich Ihnen erzähle von Geistern der höheren Hierarchien, von den Seraphim, Cherubim, von den Thronen herunter bis zu den Archangeloi und Angeloi, so sind das Wesenheiten, die aus geistigen, höheren Welten zu der Menschenseele sprechen müssen. Aus ebendiesen Welten kommen der Seele die Ideen und Begriffe, sie kommen geradezu in die Seele aus höheren Welten herein und nicht aus der Sinnenwelt.»[38] Und Rudolf Steiner fügt hinzu: «Das, was ich jetzt ausgesprochen habe, habe ich schon vor vielen Jahren ausgesprochen in aller Öffentlichkeit, nämlich in meinen Büchern *Wahrheit und Wissenschaft* und *Philosophie der Freiheit*, wo ich gezeigt habe, dass die menschlichen Ideen aus übersinnlichem, geistigem Erkennen kommen.»

Wer diesen Sachverhalt durchschaut, wird nicht in Versuchung geraten, das sogenannte abstrakte sinnlichkeitsfreie Denken dem hellsichtigen Schauen gegenüberzustellen, jenes in seiner wahren Bedeutung zu verkennen, von diesem aber für seine geistige Entwicklung möglicherweise wesentlich mehr zu erhoffen. Durch nichts lässt sich «die Scheu vor dem sogenannten Abstrakten»[39] vielleicht radikaler überwinden als durch die Einsicht, dass bereits in jedem sinnlichkeitsfreien Gedanken die Perle der Hellsichtigkeit glitzert wie der Tautropfen am Grashalm.

*

Wie das doppelgesichtige Tau-Kreuz auf Irland, so trägt auch diese oft missachtete Perle ein Doppelantlitz: sie ist das Endprodukt einer langen Vergangenheitsentwicklung und zugleich der Ausgangspunkt einer langen Zukunftsentwicklung des menschlichen Bewusstseins. «Die Menschen der Vorzeit», so Rudolf Steiner in einem Silvestervortrag des Jahres 1919, «haben das atavistische Hellsehen gehabt, und was als die letzte Erbschaft des atavistischen Hellsehens geblieben ist, das ist das abstrakte Nachdenken, das abstrakte Wissen der Menschen der Gegenwart […] *Aber mit dem, was das Ende gebildet hat bei der Entwickelung der Menschheit von Urzeiten bis in die Gegenwart hinein, mit dem muss jetzt der Anfang gemacht werden.*»[40]

*

Die erste nachatlantische Epoche, von Rudolf Steiner als urindische bezeichnet, hatte die Aufgabe, den Übergang zu vollziehen von der Evolution des im weiteren Sinne hellsichtigen Schauens zur Evolution des Denkens. Kosmologisch gesehen, stand die urindische Epoche im Zeichen des Krebses. Das bekannte astronomische Krebs-Symbol ♋ kann diesen Übergang vom involvierenden Schauen zum evolvierenden Denken in deutlicher Weise veranschaulichen.

In dem voll ausgebildeten Denken ruht also, in involvierter Form, immer noch, man könnte sagen: die Tau-Perle der Hellsichtigkeit. Seit dem Ablauf des Kali Yuga, des von den alten Indern prophezeiten «finsteren Zeitalters» im Jahre 1899, steht über der Bewusstseinsentwicklung der Menschheit unter neuen Vorzeichen wiederum das Zielwort «Evolution des Schauens», und ein neues Aufklärungswort hat Rudolf Steiner für den Anbruch dieses «lichten» Zeitalters auf das berühmte Kantische Diktum folgen lassen: «‹Mensch, erkühne dich, deiner Vernunft dich zu bedienen.› Heute muss ein größeres Wort in die Seelen klingen, das heißt: ‹Mensch, erkühne dich, deine Begriffe und Ideen als die Anfänge deines Hellsehertums anzusprechen.›»[38]

Inmitten eines neuen Krebs-Wirbels steht damit die Bewusstseinsentwicklung der Menschheit an diesem «Weltsilvestertag», an welchem sich innerhalb des abstrakten Denkens altes und neues künftiges Schauen verschlingen und die Hände reichen können. Und es sollte aus dem Bisherigen deutlich geworden sein, dass jedes heutige oder künftige Hellsehen, das in konkrete übersinnliche Wesensgebiete Eingang sucht, auf dem Ideen-Hellsehen beruhen und von diesem begleitet bleiben muss. *Denn nur dieses allein vermag die Ergebnisse alles übrigen Hellsehens in wahrer, das heißt ideengemäßer Form zu interpretieren.* Wie das einstige Schauen in dem Denken fortlebte, so muss das denkende Schauen in allem weiteren Schauen der Zukunft fortleben.[41]

*

Unmittelbar nach Rudolf Steiners Tod spielte sich ein unscheinbarer Vorgang ab, der wie ein Realsymbol empfunden werden kann; etwas, das im weltgeschichtlichen Bilde zeigen kann, wie seine eigenen Erdentaten im Zeichen der durch das sinnlichkeitsfreie Denken vermittelten Kontinuität von vergangener und künftiger Hellsichtigkeit vollbracht wurden. Friedrich Rittelmeyer beschreibt den von ihm selbst bezeugten Vorgang am Ende seines Buches *Meine Lebensbegegnung mit Rudolf Steiner* wie folgt: «Als ich auf Wunsch von Frau Marie Steiner in dem weihevoll geschmückten Vortragsraum, in dem Rudolf Steiner die meisten seiner großen Vorträge gehalten hatte, die Bestattungshandlung nach dem Ritual der Christengemeinschaft vollzog, fiel ein Wassertropfen des ausgesprengten Wassers auf die Stirnmitte und leuchtete dort während der ganzen Feier wie ein strahlender Diamant. Das Licht vieler Kerzen spiegelte sich in diesem Strahlendiamanten – wie sich die Lichtoffenbarungen höherer Welten in diesem Geist gespiegelt hatten. Mit dem Edelstein auf der Stirn geschmückt, versank der Leib im Sarg. Es war mir, als hätten höhere Geister in einem Erdenbild uns auf das gedeutet, was wir erlebt hatten.

Dieses Erdenbild deutet zugleich auf die zweiblättrige Lotosblume hin. Ihre Funktion wird unter anderem in dem Schulungsbuch *Wie erlangt man Erkenntnisse der höheren Welten?* geschildert (im Kapitel «Über einige Wirkungen der Einweihung»). Diese Lotosblume – ein astrales Sinnesorgan – wird zunächst durch sinnlichkeitsfreies Denken in Bewegung gebracht; sie macht «die geistigen Wesen höherer Welten sichtbar»; sie ermöglicht es dem Menschen, «sein höheres Ich mit den übergeordneten geistigen Wesenheiten in Verbindung zu bringen».

*

So haben wir in der hellsichtigen Tätigkeit des Denkens, die zum essentiellen Geistgehalt der Welt führt[42], die zeitgemäße Fortsetzung des alten atlantischen wie auch des empfindungshaften, mehr passiven Tao-Erlebens zu sehen, wie es uns zum Beispiel bei Goethe im Nachklang entgegentritt. Denn der heutige Mensch darf nicht mehr wie der Atlantier vom Großen Geist passiv *ergriffen werden*. Das Ich, das seine Egoität opfert, um diesen Großen Geist der Welt in Form von sinnlichkeitsfrei gebildeten Ideen und

Begriffen in der Tätigkeit des Denkens zur Erscheinung zu bringen, tut dies in vollkommen freiwilliger Weise. Die frei und individuell hervorgebrachten Ideeninhalte – dies ist der Große Geist, wie er sich uns heute kundgeben kann. Daran ändert der Umstand nichts Wesentliches, dass dieser Geist zunächst in abstrakter Form erscheint, sich zunächst als untätig erweist; der Substanz nach ist es kein anderes Geistiges als dasjenige, aus welchem auch die konkreten Wesenheiten höherer Hierarchien bestehen.[43]

Doch nicht nur die in diesem Kapitel charakterisierten «*Anfänge*» eines neuen Hellsehertums oder eines zeitgemäßen Tao-Erlebens, welches im Denken von abstrakten reinen Ideen besteht, kann uns die *Philosophie der Freiheit* erschließen; auch zu einem Hellsehertum, das Geistig-Lebendiges und Geistig-Wesenhaftes erfassen lernt, kann sie den Weg weisen. Nicht nur die Perle der abstrakten Hellsichtigkeit lehrt sie erkennen und schätzen; sie zeigt auch, dass diese Perle zu wirklichem *Leben* erweckt werden kann, wie sie einst aus wirklichem Leben herausgeboren worden ist. «Das mit dem Gedankeninhalt erfüllte Leben in der Wirklichkeit ist zugleich das Leben in Gott», heißt es im Schlusskapitel der *Philosophie der Freiheit*.

Solches Leben wird jedoch erst entsprechend gedankenerfüllt sein, wenn die Gedanken selbst zu leben beginnen. Dazu muss das in den Begriffen verzaubert ruhende Leben durch konzentrative und meditative Übung gewissermaßen bebrütet werden, bis es die Eischale der Abstraktion durchbrechen kann.[44] Keinem anderen Ziele als dem eben angegebenen dient etwa der folgende, dem «Tao-Punkte» des Denkens selbst abgelauschte Meditationssatz Rudolf Steiners: «Ich empfinde mich denkend eins mit dem Strom des Weltgeschehens.»[45] Ebensogut könnte zu diesem Ziele auch der folgende Gedanke aus dem 4. Kapitel der *Philosophie der Freiheit* meditiert werden: «Das Denken ist *jenseits* von Subjekt und Objekt. Es bildet diese beiden Begriffe ebenso wie alle anderen.»

Doch auch zum Erfassen von Geistig-Wesenhaftem, ja von hierarchischen Wesen selbst kann die *Philosophie der Freiheit* führen. So spricht Steiner im Schlusskapitel seines modernen Tao-Buches einmal in folgender Art vom Wesen des Denkens selbst: «Das gemeinsame Urwesen, das alle Menschen durchdringt, ergreift [...] der Mensch in seinem Denken.» Von diesem «Urwesen» hat er auf eine entsprechende Frage von W.J. Stein einmal geäußert[46], es verberge sich hinter diesem Ausdruck das älteste der Archai-Wesen, das eine Art Gruppenseele der ganzen Menschheit sei. So kann die Vertiefung in den Tao-Punkt des Denkens nach und nach zu konkreter Hierarchien-Erkenntnis führen.

Solche oder ähnliche Gedanken konzentrativ und meditativ zum Leben zu erwecken und die in ihnen ruhenden Wesenheiten zu entzaubern heißt nichts anderes, als eine vollbewusste Tao-Empfindung auszubilden, die sich ebenso weit *über* die im wachen Tagesbewusstsein erlebte Gegensätzlichkeit von Ich und Welt erhebt, wie die Goethesche Tao-Empfindung noch *unterhalb* dieses Bewusstseins lag.

14. TAO UND DIE TECHNIK DER ZUKUNFT

So wie das atlantische Tao-Erleben auch in einer ganz bestimmten Art von technischen Fähigkeiten und Verrichtungen zum Ausdruck kam, so wird auch das moderne und künftige Tao-Erleben allmählich zu einer vollkommenen Neugestaltung der technisch-wirtschaftlichen Lebenssphäre führen. Auf diese mit dem alten wie mit dem neuen Tao-Erleben innig verbundene Komponente weist Rudolf Steiner im Jahre 1906 in einem Vortrag über Wesen und Zukunft der Freimaurerei[47] hin. Er gibt in diesem Vortrag einen wichtigen Aufschluss über die Bedeutung der Form des Tao-Kreuzes, indem er den fehlenden oberen Balken in folgender Art mit dem Mineralreich in Zusammenhang bringt: «Das Mineralreich ist weggelassen [...]; der Mensch beherrscht es bereits.» Auf die wissenschaftlich-technische Beherrschung der mineralischen Welt ist damit gedeutet. Dass beim Tao-Kreuz der obere Balken weggelassen wird, soll in symbolischer Form zum Ausdruck bringen: die Menschheit geht einem Zeitalter entgegen, in welchem die Beherrschung der Lebenskräfte und noch höherer Kräfte zur Grundlage technologischer Verrichtungen werden muss. Rudolf Steiner spricht von einer «ganz neuen Naturkraft». Im Gegensatz aber zur teilweise egoistisch-missbräuchlichen Verwertung der Lebenskräfte, die schließlich den Untergang der alten Atlantis herbeigeführt hat, wird diese «ganz neue Naturkraft» nur «in Bewegung gesetzt werden können durch die Macht der selbstlosen Liebe». Diese Kraft «wird selbst dazu verwendet werden können, Maschinen anzutreiben, welche aber stillstehen werden, wenn egoistische Menschen sie bedienen». Ebensosehr wie diese Kraft von der Liebe umhüllt sein muss, ebensosehr muss sie in vollster Freiheit aktiviert werden, denn Freiheit ist nur die andere Seite der Liebe; beide Fähigkeiten hatten sich in der alten Atlantis im Allgemeinen noch nicht entwickelt. So symbolisiert «das Tau-Zeichen eine ganz neue Macht, die auf die Freiheit gegründet ist und in der Erweckung einer ganz neuen Naturkraft besteht».[47]

Ein rätselhafter, vieldiskutierter Vorläufer der technischen Verwertung einer solchen neuen Naturkraft stellt der von J.W. Keely[48] konstruierte Motor dar, «der nur ging, wenn er selbst dabei war», wie Rudolf Steiner bestätigt. Keely «hat damit den Leuten nichts vorgemacht, denn er hatte in sich selbst jene treibende Kraft, die aus dem

14. Tao und die Technik der Zukunft

Seelischen hervorgeht und Mechanisches in Bewegung setzen kann». Dass diese Kraft nur auf einer ganz bestimmten seelisch-moralischen Grundlage gedeihlich verwendet werden kann, wird im Folgenden noch einmal unmissverständlich deutlich gemacht: «Eine Antriebskraft, die nur moralisch sein kann, das ist die Idee der Zukunft; die wichtigste Kraft, die der Kultur eingeimpft werden muss, wenn sie sich nicht selbst überschlagen soll. Das Mechanische und das Moralische werden sich durchdringen, weil dann das Mechanische ohne das Moralische nichts ist. Hart vor dieser Grenze stehen wir heute. Nicht bloß mit Wasser und Dampf, sondern mit spiritueller Kraft, mit spiritueller Moral werden in Zukunft die Maschinen getrieben werden.»

Doch nicht nur durch das Tao-Zeichen, auch innerhalb der Gralsströmung wurde auf diese kommende Kraft bereits hingewiesen. Auf diesen wichtigen Zusammenhang deutet Rudolf Steiner im selben Vortrag hin: «Diese Kraft ist symbolisiert durch das Tau-Zeichen und wurde schon poetisch angedeutet durch das Bild des Heiligen Grals.»[47] Der englische Schriftsteller Bulwer-Lytton nannte diese Kraft «Vril» und stellte sie in seinem Roman *The Coming Race* (dt. Titel: *Vril*) dar.

*

Werfen wir an dieser Stelle noch einmal einen Blick auf D.N. Dunlop und sein Erlebnis in Glastonbury. Wir haben bereits zu zeigen versucht, inwiefern wir es bei diesem Erlebnis mit einem modernen Tao-Erlebnis zu tun haben. Dass nun der spätere Begründer der Weltenergiekonferenz ausgerechnet in Glastonbury ein solches Erlebnis hat, ist im Zusammenhang mit Rudolf Steiners eben zitiertem Hinweis auf den inneren Zusammenhang von Tao- und Gralsströmung bemerkenswert. Denn nicht nur mit der westlichen Artusströmung ist dieser Ort verknüpft, sondern auch mit der westlichen Gralsströmung: durch Joseph von Arimathia, der den Kelch des heiligen Abendmahles (die «Gralsschale») an diesen Ort gebracht haben soll. Dunlop weist zu Beginn seiner Darstellung auf diesen Zusammenhang von Glastonbury nicht nur mit der Artus-, sondern auch mit der Gralsströmung ausdrücklich hin.

Während seines Amerikaaufenthaltes kurz vor der Jahrhundertwende hatte Dunlop einen Keely-Motor selbst in Augenschein nehmen können, wie W.J. Stein berichtet hat. Und zweifellos wird er sich auch mit dem sogenannten «Strader-Motor»[49] beschäftigt haben.

«Wie der Mensch [...] zum Werkbaumeister des Unlebendigen geworden ist», so lesen wir im selben Vortrag Rudolf Steiners weiter, «so wird er zum Werkbaumeister des Lebendigen werden.»[47] Gewiss dürfen wir gerade auch in der Individualität D. N. Dunlops einen solchen künftigen «Werkbaumeister des Lebendigen» sehen – es liegt gewissermaßen in der inneren Logik seines Wesens und seines ganzen Lebensganges begründet.

15. VOM AHRIMANISCHEN ANGRIFF AUF DAS TAO-POTENTIAL DES WESTENS

Vom «Tao» ist heute wieder vermehrt die Rede, wie verschiedene neuere Publikationen zeigen. In einer Welt der politischen wie der weltanschaulichen Ratlosigkeit weckt dieses Wort oder dieser Klang wieder vielerorts hoffnungsverheißende Ahnungen von einer ganz anders gearteten Kultur und Weltanschauung, als sie in den letzten Jahrhunderten vor allem das Gesicht des modernen Westens geprägt haben.

Der in den Vereinigten Staaten lebende Chinese Chungliang Al Huang versucht in seinem *Tao Wetter*[50] auf kalligraphische Art zur Versöhnung «der psychischen Gegensätze» beizutragen. Von John Heider, dem Direktor der kalifornischen Human Potential School, ist 1988 in deutscher Übersetzung ein Tao-Buch erschienen[51], welches in besonderer Weise verspricht, «menschliche Führungskräfte wachzurufen und auszubilden». Heiders Buch wendet sich «an jeden Menschen [...], der eine führende Stellung innerhalb der Familie, einer Gruppe, Kirche, Schule, im Beruf, Militär, in der Politik oder Verwaltung innehat oder anstrebt». Und auch etwas scheinbar so Profanes wie die Kochkunst soll wieder gezielt im Zeichen des Tao stehen.[52]

«Taoismus für jedermann» – so könnte man aus einem groben Überblick über diese und andere neuere Publikationen bilanzieren. Denn selbst in die moderne Naturwissenschaft beginnt ein gewisser Taoismus seinen Einzug zu halten. Es sei in diesem Zusammenhang an das 1975 erschienene Buch *The Tao of the Physics*[53] (deutsch 1977 u. 1984) von Fritjof Capra erinnert, in welchem der Autor «die Konvergenz von westlicher Wissenschaft und östlicher Philosophie» aufzeigen will.

Inwiefern haben wir es in den genannten Publikationen mit einem wahrhaft zeitgemäßen Taoismus zu tun, wie wir ihn im 13. Kapitel zu charakterisieren versuchten? Inwiefern mit einem Wiederaufwärmen von «Momenten» der menschlichen Bewusstseinsentwicklung, die einer fernen Vergangenheit angehören? Werfen wir von diesem Gesichtspunkt aus einen kurzen Blick auf *Das Tao der Physik*. Capras Buch verdankt seine Existenz einem Erlebnis, welches der Autor im Vorwort zur Erstausgabe folgendermaßen beschreibt:

«Vor fünf Jahren hatte ich ein wunderbares Erlebnis, worauf ich den Weg einschlug, der zum

Schreiben dieses Buches führte. Eines Nachmittags im Spätsommer saß ich am Meer und sah, wie die Wellen anrollten, und fühlte den Rhythmus meines Atems, als ich mir plötzlich meiner Umgebung als Teil eines gigantischen kosmischen Tanzes bewusst wurde. Als Physiker wusste ich, dass der Sand und die Felsen, das Wasser und die Luft um mich her sich aus vibrierenden Molekülen und Atomen zusammensetzten [...] Ich wusste auch, dass unsere Atmosphäre ständig durch Ströme kosmischer Strahlen bombardiert wird [...] All dies war mir von meiner Forschungstätigkeit in Hochenergiephysik vertraut [...] Als ich am Strand saß, gewannen meine früheren Experimente Leben. Ich ‹sah› förmlich, wie aus dem Weltraum Energie in Kaskaden herabkam und ihre Teilchen rhythmisch erzeugt und zerstört wurden. Ich ‹sah› die Atome der Elemente und die meines Körpers als Teil dieses kosmischen Energietanzes.»[54]

Kann diesem Erlebnis einerseits eine gewisse Tao-Qualität zugeschrieben werden, insofern hier ein moderner Mensch die *Einheit* seines «Körpers» mit dem übrigen Universum «erlebt», so ist andererseits auch die materialistische Färbung dieses Tao-Erlebens nicht zu verkennen. Schon dass in erster Linie der «Körper», nicht auch gleichermaßen Seele und Geist, in das Einheits-Erleben einbezogen ist, zeigt diese Färbung. Noch deutlicher tritt sie zutage, wenn man beachtet, dass Capras Erleben auf die «Atome der Elemente» und auf den «kosmischen Energietanz» gerichtet ist. Hatte der Atlantier noch vom «Großen Geist» gesprochen, der alle Naturerscheinungen durchpulst und den der moderne Mensch zunächst in Form der selbständig und aktiv zur Erscheinung gebrachten *Ideen* wiederfinden kann, so tritt uns hier die «Große Materie» entgegen, auch wenn ihr gewisse energetische Eigenschaften zugeschrieben werden. Wie der linke Schuh zum rechten, so passt zu dieser materialisierten Form alten Tao-Erlebens die Bewusstseins- und Denkpassivität des der östlichen Mystik zugeneigten Physikers.

In seinem Bemühen, die Parallelen zwischen östlicher Mystik und moderner Physik aufzuzeigen, ließ sich Capra durch halluzinogene Pflanzen – also wiederum auf materielle Weise – «inspirieren», und diese Pflanzen «zeigten» ihm, *«wie die Gedanken frei strömen können, wie geistige Erkenntnisse von sich aus kommen und mühelos aus der Tiefe des Bewusstseins aufsteigen»*.[54] Man glaubt, mit Händen greifen zu können, wie die beiden weltgeschichtlichen Tao-Karikaturen, von denen weiter oben die Rede war, hier gewissermaßen en miniature tätig sind, um den Erlebnis- und Bewusstseinsuntergrund zu präparieren, aus welchem *Das Tao der Physik*, das weltweite Beachtung gefunden hat, hervorgegangen ist.

Während aller wahrhaft moderne Taoismus über das «Tao des Denkens» führen muss, kann uns gerade Capras Buch auf die Gegenwartstendenz aufmerksam machen, einen gewissermaßen gedankenlosen Taoismus zu reinstallieren. Denn offen und frei bekennt der «Taoist» Capra: «Die Kluft zwischen rationalem analytischem Denken und der meditativen Erfahrung mystischer Wahrheit machte und macht mir immer noch zu schaffen.»[54] Mit anderen Worten: er weiß nicht, in welchem Verhältnis denkendes und schauendes Bewusstsein zueinander stehen, dass nämlich das denkende Bewusstsein – in impliziter oder involvierter Form – das schauende Bewusstsein bereits in sich enthält. Aus solchem Nichtwissen muss sich aber mit Notwendigkeit die falsche Alternativfrage ergeben, die jedes moderne «Huhn» irrigerweise zu stellen geneigt ist, solange es an der Perle der Hellsichtigkeit innerhalb des abstrakten, «rationalen» Denkens achtlos vorübereilt, weil

15. Ahrimans Angriff auf das Tao-Potential des Westens

es sich unter Hellsichtigkeit bequemlicherweise etwas ganz anderes «vorstellt».

Nicht das ist die Frage, obwohl sie Capra zu schaffen macht: Wie komme ich vom «rationalen» Denken zur mystisch-übersinnlichen Schau, da beides durch eine unendliche Kluft getrennt zu sein scheint? Richtig gestellt muss die Frage so lauten: Wie kann das Element der Hellsichtigkeit, das bereits im rationalen Denken in involvierter Form vorhanden ist, zur Entwicklung oder zur Evolution gebracht werden, sodass dieser Hellsichtigkeit noch anderes zugänglich werden kann als die Welt der sinnlichkeitsfreien abstrakten Ideen?

*

Es ist gewiss nicht bedeutungslos, dass die oben genannten Tao-Publikationen und insbesondere Capras *Tao der Physik* aus dem amerikanischen Westen kommen. Gerade im Westen hat sich, wie wir gesehen haben, altes Tao-Potential besonders lange erhalten. Der westliche Mensch kann dies spüren und das starke Bedürfnis entwickeln, an dieses Potential von Hellsichtigkeitskräften anzuknüpfen. Die entscheidende Frage ist nur, *wie* er dies tut, und ob er sich dabei von klaren Erkenntnissen oder von instinktiven Impulsen leiten lässt. Die Versuchung zu letzterem wird umso größer sein, als das westliche Tao-Potential in viel geringerem Maße zur Hellsichtigkeit *des Denkens* hinaufgeläutert worden ist, als dies im europäischen Westen unter dem stetigen Einfluss des Rosenkreuzertums und der an dieses anknüpfenden modernen Geisteswissenschaft hat geschehen können.

Dieses alte Tao-Potential im Westen versucht die von Rudolf Steiner «Ahriman» genannte Geistesmacht mehr und mehr in ihre Verfügungsgewalt zu bringen, um den Menschen dadurch *in ihrem Sinne* hellsichtig werden zu lassen. Eine solche ahrimanisierte Hellsichtigkeit könnte zwar die subjektiven Glücksbedürfnisse in höchstem Maße befriedigen, müsste aber eine im tieferen Sinne gedankenlose Hellsichtigkeit bleiben. Denn Ahriman hat das größte Interesse daran, den individuellen, gesunden Menschenverstand, der im regulären Gang der Bewusstseinsentwicklung alles gegenwärtige und künftige Schauen begleiten und kontrollieren muss, auszuschalten. Rudolf Steiner charakterisiert dieses Ahriman-Interesse in der schärfsten und unmissverständlichsten Weise, wenn er sagt: «Ahriman hat immer das intensivste Bestreben, die Menschen um ihren individuellen Verstand zu bringen und ihn sich selbst anzueignen, sodass der menschliche Verstand nach der Meinung Ahrimans in ahrimanische Gewalt übergehen sollte. Ahriman hat eigentlich [...] immer das Bestreben [...] den Menschen nicht darauf kommen zu lassen, was alles sein Verstand kann.»[55] Ihn beispielsweise nicht darauf kommen zu lassen, dass in dem *Gebrauch* dieses Verstandes zugleich der vernünftigste Ausgangspunkt moderner Hellsichtigkeit zu sehen ist.

Über diese verstand- und vernunftlose, einzig an die Egoismus-Instinkte appellierende Form der Hellsichtigkeit, die Ahriman der Menschheit bescheren möchte, führte Rudolf Steiner am 15. November 1919, wenige Wochen nachdem er bereits in zwei anderen Vorträgen eingehend von der künftigen Ahriman-Inkarnation im Westen und den sie vorbereitenden Impulsen gesprochen hatte, das Folgende aus: «Ahriman würde den Menschen durch die grandiosesten Künste alles dasjenige bringen, was bis dahin nur mit großer Mühe und Anstrengung erworben werden kann an hellseherischem Wissen, wie es hier» – das heißt in der durch die Anwendung des gesunden Menschenverstandes einsehbaren Geisteswissenschaft – «gemeint ist. Denken Sie sich, wie unendlich bequem das sein würde! Die Menschen würden gar nichts zu tun brauchen. Sie würden materialistisch hinleben können, sie würden essen und trinken können […] und würden sich nicht zu kümmern brauchen um irgendein Geistesstreben […] Wenn im richtigen Zeitpunkt Ahriman in der westlichen Welt inkarniert wird, würde er eine große Geheimschule gründen, in dieser Geheimschule würden die grandiosesten Zauberkünste getrieben werden, und über die Menschen würde ausgegossen werden alles dasjenige, was sonst nur mit Mühe zu erwerben ist […] Alle die Bequemlinge, die heute sagen: Wir wollen nichts von Geisteswissenschaft wissen, die würden seinem Zauber verfallen, denn er würde in grandiosester Weise die Menschen in großen Mengen durch Zauberkünste zu Hellsehern machen können.»[56]

Schon Goethes dichterisches Genie hat diese Ahriman-Intention klar erschaut:

Verachte nur Vernunft und Wissenschaft,
des Menschen allerhöchste Kraft»,

höhnt Mephistopheles dem sich zur großen Fahrt in die Welt rüstenden Faust nach.

15. Ahrimans Angriff auf das Tao-Potential des Westens

> *«Lass nur in Blend- und Zauberwerken
> dich von dem Lügengeist bestärken,
> so hab ich dich schon unbedingt.*
>
> (*Faust*, 1. Teil, «Studierzimmer»)

So soll der Mensch im ersten Akt um seinen individuellen Verstand – «des Menschen allerhöchste Kraft» – gebracht werden, um im zweiten Akt in vollkommen passiver Weise die «Gabe» ahrimanischer Hellsichtigkeit in Empfang zu nehmen. Im Gegensatz zur vernunftgemäß einzusehenden Geisteswissenschaft, die über alle Rassen-, Standes- und religiösen Unterschiede hinweg ein allgemeines *Menschheits*bewusstsein heraufführen will, würde durch Ahrimans Zauberkünste der einzelne Mensch zwar «furchtbar hellsichtig werden, *aber ganz differenziert*: Dasjenige, was der eine sehen würde, würde der andere nicht sehen, nicht ein dritter! Die Menschen würden alle durcheinanderkommen, und trotzdem sie ein Fundament von hellseherischer Weisheit empfangen würden, würden sie nur in Streit und Hader kommen können, denn die Gesichte der verschiedenen Menschen wären die verschiedensten. Schließlich aber würden die Menschen mit ihren Gesichten sehr zufrieden sein, denn sie würden ja ein jeder in die geistige Welt hineinsehen können. Die Folge davon würde aber wiederum sein, dass alles, was Erdenkultur ist, dem Ahriman verfiele! Die Menschheit würde dem Ahriman verfallen, einfach dadurch, dass sie sich nicht selbst angeeignet hat, was ihr dann Ahriman geben würde [...] Erfüllen würde sich alles dasjenige, was im Grunde in unbewusster Tendenz die gegenwärtige Menschheit ja eigentlich heillos will.»[56]

Mit höchster Bewusstheit bedienen sich die ahrimanischen Mächte gerade auch jener «unbewussten Tendenz» innerhalb der heutigen Menschheit, die Gabe des Hellsehens unter Ausschaltung des individuellen Denkens empfangen zu wollen.

Betrachten wir noch einmal den alten Tao-Stein auf Irland. Dass sich die Blicklinien der einander zugekehrten Gesichter in Himmelshöhe treffen und durchdringen, kann uns ein Sinnbild sein für die Durchdringung von schauendem und denkendem Bewusstsein, wie wir sie in elementarster Art in der modernen «Perle der Hellsichtigkeit» erleben können. *Gerade diese Durchdringung soll durch die Ahrimanisierung des menschlichen Hellsichtigkeits-Potentiales verhindert werden.* Im Bilde gesprochen: die beiden Gesichter auf dem Tao-Stein sollen in diametral entgegengesetzte Richtungen schauen, sodass sich die Blicklinien des schauenden und des denkenden Bewusstseins niemals begegnen können! Dies wäre die ahrimangemäße Umgestaltung des irischen Tao-Kreuzes.

*

Schon in früheren Zeiten wurde von ahrimanischen Mächten und ihren menschlichen Dienern das alte Tao-Potential des großen Westens in furchtbarster Weise missbraucht. In der von Rudolf Steiner charakterisierten Ahrimanisierungstendenz heutiger und künftiger Hellsichtigkeitskräfte müssen wir ein «Taotl»-Wirken von noch viel höherer Stoßkraft erblicken.

Dies ist die Gefahrenperspektive, die in augenscheinlicher Weise besonders im Westen droht, im Grunde aber überall, wo der Versuch gemacht wird, in bequem scheinender Abkürzung von der einstigen Evolution des Schauens unter Verachtung von «Vernunft und Wissenschaft» zur vermeintlichen «neuen» Evolution des Schauens überzugehen.

16. AUSKLANG

Drei menschheitliche Entwicklungsphasen umspannt der geheimnisvolle Tao-Laut. Während der Phase der atlantischen Ich-Geburt erlebte der Mensch noch in bewusstseinsdumpfer hellsichtiger Art das Walten und Wirken des Göttlichen in allem Natur- und Seelendasein; das sich einsenkende Ich-Wesen wurde als Geschenk der Geister der Form erlebt, und dem noch weit geöffneten jungen Ich waren die schenkenden Schöpfergeister seines eigenen Wesens hellseherisch erlebbar. Das menschliche Ich hatte gleichsam noch Kelchgestalt: spirituelle Wesenheiten und Tatsachen flossen in reichem Maße in es ein. Weltzugehörigkeit kennzeichnete das atlantische Seelenleben, wobei ihm die «Welt» überall geistdurchwirkt war.

Mit der Herausbildung des an die erwachten Sinne und den Gebrauch des individuellen Verstandes gebundenen Gegenstandsbewusstseins begann das Ich, sich seiner selbst allmählich als eines relativ abgeschlossenen Einzelwesens bewusst zu werden; es begab sich damit mehr und mehr in den Gegensatz zur Welt der äußeren und spirituellen Wesenheiten und Tatsachen. Nun erst konnte die *Sehnsucht* nach dem Göttlichen entstehen, und auf den Wegen des *religiösen* Kultus suchte die Menschheit durch Jahrtausende hindurch das abgerissene Band zwischen ihr selbst und der Gottheit wieder zu knüpfen; «Religion» kommt vom lateinischen re-ligare, was so viel wie Wieder-Verbinden bedeutet. Das Denken hatte sich zu entwickeln, das einstige Schauen trat zurück; doch in allem Denken der nachatlantischen Kulturentwicklung blieb das Schauen als (immanenter oder involvierter) Faktor erhalten – es ist die «Perle der Hellsichtigkeit», welche die Brücke zu bilden hat zwischen altem Schauen und künftigem Schauen.

Mit dem Ablauf des Kali Yuga im Jahre 1899 tritt die Menschheit in die dritte große Entwicklungsphase ein: ein neues Schauen ist zu erringen, doch in vollbewusster Art und unter voller Wahrung der inzwischen ausgebildeten Selbstbewusstheit, ein Schauen, das durch das Denken übersinnlicher Tatsachen und Wesenheiten vorbereitet sein will und das von diesem Denken stets begleitet sein muss. Denn keine Schauungen der Gegenwart und Zukunft – und haben sie scheinbar oder wirklich noch so hohe Wesenheiten und Tatsachen der übersinnlichen Welt zum Inhalt – können sich selbst deuten, sie können nur *erscheinen*; ihrem Wesen nach gedeutet werden müssen sie stets durch das vollentwickelte souveräne Denken. Insofern stellt das Denken die unabdingbare *allgemein*-hellsichtige Grundlage aller *speziellen* Hellsichtigkeitsergebnisse der Gegenwart und Zukunft dar.[57] Und wo es weggelassen wird und zu verkümmern beginnt, wird den ahrimanischen Bestrebungen, von denen im letzten Kapitel die Rede war, in die Hände gearbeitet. Durch diese Bestrebungen soll ja die an das Wirken des Ich gebundene individuelle Denkfähigkeit, damit letztlich aber auch dieses Ich selbst ausgeschaltet werden. Dieses ahrimanische Bestreben stellt die bisher radikalste Tao-Perversion der Weltgeschichte dar; ist doch das Tao in ursprünglichster und intimster Weise mit der Geburt und der Entwicklung der menschlichen Ichkraft verbunden.

*

Eine Entwicklungskraft weit tragendster Art müssen wir im Tao erblicken, und gerade im Hinblick auf diesen wohl bedeutendsten Tao-Aspekt hat Rudolf Steiner in dem bereits angeführten öffentlichen Vortrag aus dem Jahre 1905[4] einmal die folgende Charakteristik gegeben:

16. Ausklang

«Das Tao drückt aus und drückte schon vor Jahrtausenden für einen großen Teil der Menschheit das Höchste aus, zu dem die Menschen aufsehen konnten, von dem sie sich dachten, dass die Welt, die ganze Menschheit einmal hinkommen werde, das Höchste, was der Mensch keimhaft in sich trägt und was einst als reife Blume aus der innersten menschlichen Natur sich entwickeln wird. Ein tiefer verborgener Seelengrund und eine erhabene Zukunft zugleich bedeutet Tao. Mit scheuer Ehrfurcht wird nicht nur Tao ausgesprochen, sondern wird auch an Tao gedacht von dem, der weiß, um was es sich dabei handelt. Die Tao-Religion beruht auf dem Prinzip der Entwickelung, und sie sagt: Was heute um mich ist, ist ein Stadium, das überwunden werden wird. *Ich muss mir klar darüber sein, dass diese Entwickelung, in der ich mich befinde, ein Ziel hat, dass ich mich hinentwickeln werde zu einem erhabenen Ziel und dass in mir eine Kraft lebt, die mich anspornt, zu dem großen Ziele Tao zu kommen.* Fühle ich diese große Kraft in mir und fühle ich, dass mit mir alle Wesen zu diesem Ziele hinsteuern, dann ist mir diese Kraft die Steuerkraft, die mir aus dem Winde entgegenbläst, aus dem Stein entgegentönt, aus dem Blitz entgegenleuchtet, aus dem Donner entgegentönt, die mir ihr Licht von der Sonne zusendet. In der Pflanze erscheint sie als Wachstumskraft, im Tier als Empfindung und Wahrnehmung. Sie ist die Kraft, die Form nach Form zu jenem erhabenen Ziele immer und immer hervorbringen wird, durch die ich mich eins weiß mit der ganzen Natur, die aus mir mit jedem Atemzuge aus- und einströmt, die das Symbol des höchsten, sich entwickelnden Geistes ist, die ich als Leben empfinde. Diese Kraft empfinde ich als Tao.»

Während die große «Steuerkraft» Tao im Pflanzenreich als Wachstumskraft, im Tierreich als «Empfindung und Wahrnehmung» zur Erscheinung kommt – wie äußert sie sich denn im Menschen selbst? So müsste hier doch gefragt werden.

Als *Ichkraft*, so muss aus unserer bisherigen Betrachtung heraus geantwortet werden.

Und was ist jenes «Höchste», von dem Rudolf Steiner spricht, «was der Mensch keimhaft in sich trägt und was einst als reife Frucht sich entwickeln wird»? – *Ichheit*, so können wir antworten.

Und das «erhabene […] große Ziel Tao»? – Vollendung der *Ichheit*.

*

16. Ausklang

Als «tiefen verborgenen Seelengrund» – so senkten die Geister der Form der dreifachen Hüllennatur des Menschen das Ich ein. Vom Ich-Geschenk mussten wir sprechen. Zum Gott-Menschen wurde der Mensch durch dieses Geschenk. Doch das geschenkte «Ich» ist ein «unfertiges» Ich[58], und alles Denken, Fühlen und Wollen des Menschen muss im Laufe der nachatlantischen Zeit in immer reinerer Form von der göttlichen Ich-Natur durchkraftet werden.[59] Dadurch «vollendet» der Mensch das Ich-Geschenk; es wird das Ich Erden-Errungenschaft. Auch für die Ich-Entwicklung gilt daher, wenn auch in modifizierter Weise, das viel zitierte Faust-Wort: «Was du ererbt von deinen Vätern hast, erwirb es, um es zu besitzen.» Zum Menschen-Gott steigt der Mensch durch dieses Erringen oder «Erwerben» auf. Heiligstes Göttergeschenk und heiligste Erden-Errungenschaft: dies sind die beiden extremen Pole, zwischen denen sich die menschliche Ich-Entwicklung vollzieht.

Doch heute kann der Mensch seine kosmisch-schöpferische Ichnatur im Allgemeinen erst im abstrakten Denken zur reinen Offenbarung bringen, indem er das «Naturwesen» in sich betätigt und den großen Geist der Welt in seinem individuellen Bewusstsein in Begriffsform zur Erscheinung bringt. Dies ist das Tao des Denkens, von dem im 13. Kapitel die Rede war.

Schon ein leiser Anflug von wahrer Selbsterkenntnis wird sogleich zeigen können, dass es weit schwerer ist, zu einem *Fühlen* zu kommen, das ebenso universellen Charakter hat wie das Denken. Jedermann wird bei gutem Willen zu klarem Denken zugeben, dass auch die Gesetzmäßigkeiten des Fühlens ebenso wie diejenigen der Mathematik oder des äußeren Naturdaseins in Begriffen erfasst werden können, die, wie alle sinnlichkeitsfreien Begriffe, für alle Denkenden *dieselben* sind. Wahres Denken wird niemals von «meinem» Begriff des Schmerzes oder der Lust sprechen; wohl aber wird im gewöhnlichen Fühlen gerade auf dieses «mein» der allergrößte Wert gelegt. So dominiert im Fühlen zunächst das Subjektiv-Persönliche, das die Menschheit innerhalb des Denkens bereits bis zu einem gewissen Grade zu beherrschen gelernt hat.

Doch gerade durch das reine Denken kann auch ein höheres, vom Subjektiv-Persönlichen gereinigtes Fühlen entwickelt werden. «Die höchsten Gefühle sind eben nicht diejenigen, die ‹von selbst› sich einstellen, sondern diejeni-

16. Ausklang

gen, welche in energischer Gedankenarbeit errungen werden», lesen wir in Rudolf Steiners *Theosophie*. Und wenn sich diese Gedankenarbeit auf Tatsachen des übersinnlichen Daseins bezieht, dann gilt von solchem *errungenen* Fühlen: «Es gibt kein Gefühl und keinen Enthusiasmus, die sich mit den Empfindungen an Wärme, Schönheit und Gehobenheit vergleichen lassen, welche angefacht werden durch die reinen, kristallklaren Gedanken, die sich auf höhere Welten beziehen.»[60]

Man wird sich leicht denken können, dass die universelle Ichnatur des Menschen im Reiche des Wollens noch viel größere Widerstände zu überwinden hat, um auch diesem Wollen den Charakter der kosmischen Ichheit aufzuprägen.

Doch der heutige Mensch kann neben der charakterisierten Ausbildung eines höheren Fühlens auch damit beginnen, seine wahre universelle Ichheit, hat sie sich einmal im Denken in reiner Form erfasst, in bewusster Art in der Sphäre der *lebendigen* Gedanken darzuleben[44], die nicht mehr der physischen, sondern der ätherischen Welt angehören. «Dann werden sich den belebten Gedanken Seelen und Geister der übersinnlichen Welt neigen.»[61] Die wichtigste Wesenheit, die sich dem Menschen in der

Sphäre der belebten Gedanken heute «neigen» kann, ist die Christus-Wesenheit. In freier Weise kann ihr das Menschen-Ich in dieser Lebenssphäre als dem *Welten-Ich* begegnen lernen, das in der heutigen Zeit «im Ätherreich sein Zelt aufspannt».[62]

So kann das Menschen-Ich, nachdem es sich aus der kosmisch-wesenhaften Geistnatur, in deren Schoße es einst dämmerhaft geruht hat, losgelöst hatte, um zu sich selbst zu kommen, in Freiheit erneut seiner spirituell-wesenhaften Welterfüllung entgegengehen.

Und wird der Mensch über das abstrakte und über das *lebendige* Denken hinaus nicht nur beim ichdurchdrungenen universellen Fühlen[61], sondern auch beim ichdurchdrungenen Wollen[61] angelangt sein, so wird er vollendet haben, was das große Tao-Ziel in Bezug auf seine eigene Wesenheit darstellt: er wird von einem geschaffenen Ich *restlos* zu einem schaffenden oder schöpferischen Ich übergegangen sein. Als freier Geist unter Geistern wird er als zehnte Hierarchie in vollbewusster Art an der künftigen Gestaltung der Welt mitwirken.

Durch den Menschen selbst wird dadurch die Welt stufenweise (durch das im Denken, Fühlen und Wollen schaffende Ich)[61] vom Tao

16. Ausklang

durchklungen, das ursprünglich von den mächtigen Geistern der Form ausströmend das Weltall durchtönt hat.

*

Ist, war oder wird alles Seiende einst *Mensch*, so besteht die *Vollendung* der Menschwerdung selbst in dieser stufenweisen Umwandlung des unfrei geschaffenen Ich des einstigen Gottmenschen in ein frei schaffendes Ich des werdenden Menschengottes. Alle Vorgänge und Erscheinungen innerhalb des kulturellen, des sozialen und des wirtschaftlichen Lebens sind in unmittelbarer oder mittelbarer Weise der spiegelbildliche Ausdruck dieses grandiosen Umwandlungsprozesses, der sich über immense Zeiträume hinweg vollzieht und der, im einzelnen Menschen wie in der Menschheit als ganzer, bewirkt wird durch die große «Steuerkraft» des TAO.

Anmerkungen und Hinweise

GA = Rudolf Steiner Gesamtausgabe, Dornach

1 Zitiert nach: D.N. Dunlop, *Nature-Spirits and the Spirits of the Elements*. London 1920, p. 2.

2 *Die Philosophie der Freiheit*. 15. Aufl. 1987, S. 28ff., GA 4.

3 Zu Atlantis siehe u.a.: Rudolf Steiner, *Die Geheimwissenschaft im Umriss*. Kap. «Die Weltentwickelung und der Mensch», 29. Aufl. 1977, GA 13; *Aus der Akasha-Chronik*. Kap. «Unsere atlantischen Vorfahren», 5. Aufl. 1973, GA 11; ferner zum Beispiel den Vortrag vom 9. Juli 1924, in GA 354 (siehe auch Anm. 14).

4 «Der Weisheitskern in den Religionen», Vortrag vom 16. November 1905, enthalten in: *Die Welträtsel und die Anthroposophie*. 2. Aufl., Dornach 1983, GA 54.

5 Die Verleihung des Ich durch die Geister der Form wird in der *Geheimwissenschaft im Umriss* (vgl. Anm. 3) kurz und mehr im Hinblick auf ihre epochale Bedeutung innerhalb der Gesamtevolution dargestellt, in manchen Vorträgen dagegen detaillierter geschildert; eine Darstellung der hier erwähnten drei Stufen der Ich-Einsenkung findet sich zum Beispiel im Vortrag vom 29. Februar 1908, enthalten in: *Das Hereinwirken geistiger Wesenheiten in den Menschen*. Dornach 1974, GA 102.

6 Mit diesen Worten charakterisierte Rudolf Steiner den Tao-Laut in dem sogenannten Laut-Eurythmiekurs. Siehe: *Eurythmie als sichtbare Sprache*. GA 279, 4. Aufl. 1979. Vortrag vom 25. Juni 1924.

7 Siehe: *Die Mission einzelner Volksseelen*. 5. Aufl. 1982, Vortrag vom 12. Juni 1910 (morgens), GA 121.

8 Aus einer Fragenbeantwortung Rudolf Steiners nach einem (unveröffentlichten) Vortrag am 18. November 1905 in Berlin.

9 Die Luzifer und Ahriman genannten übersinnlichen Wesenheiten werden von Rudolf Steiner u. a. näher charakterisiert in seiner *Geheimwissenschaft im Umriss* im Kapitel «Die Weltentwickelung und der Mensch», GA 13.

10 Siehe: Rudolf Steiner, *Vor dem Tore der Theosophie*. 3. Aufl. 1978, Vortrag vom 31. August 1906, GA 95; ferner den Vortrag vom 7. Oktober 1907, enthalten in *Mythen und Sagen, okkulte Zeichen und Symbole*. 1987, GA 101.

11 Siehe *Die Geheimwissenschaft im Umriss* (vgl. Anm. 3) sowie den Vortrag vom 27. August 1909, enthalten in: *Der Orient im Lichte des Okzidents*. 5. Aufl. 1982, GA 113.

12 Dieser Hinweis findet sich in einem Vortrag vom 4. November 1911, enthalten in: *Die Tempellegende und die Goldene Legende*. GA 93.

13 Vortrag vom 2. Januar 1906, enthalten in GA 93. Vgl. auch die verschiedenen Darstellungen Rudolf Steiners der «Tempellegende» in diesem Band gleichen Titels.

14 Siehe den Vortrag vom 12. Juli 1924 vor Arbeitern, in: *Die Schöpfung des Menschen und der Welt*. 2. Aufl. 1977, GA 354.

15 Siehe: *Der Orient im Lichte des Okzidents*. Vortrag vom 31. August 1909, GA 113.

16 *Die Weltgeschichte in anthroposophischer Beleuchtung*. Vortrag vom 27. Dezember 1923, GA 233.

17 Am 7., 8. und 9. Dezember 1923 gab Rudolf Steiner eine umfassende Darstellung der hybernischen Myste-

rienvorgänge; enthalten in dem Band *Mysteriengestaltungen*. GA 232. – Die von uns angeführte Charakterisierung findet sich im dritten Vortrag vom 9. Dezember.

18 *Mysteriengestaltungen*. Vortrag vom 9. Dezember 1923, GA 232.

19 Diese Zusammenhänge können an dieser Stelle nur in aphoristischer Weise angedeutet werden und bedürften einer eigenen Darstellung. Zu den hier berührten Geheimnissen des physischen Leibes gehört zum Beispiel die Altersdifferenz verschiedener Organe oder Organsysteme im menschlichen Leibe. So wurden die heutigen Sinnesorgane bereits auf dem alten Saturn veranlagt, das Herz dagegen erst während der Erdenzeit. Die Sinne haben also bereits eine urlange Vergangenheit hinter sich. Das Herz steht, vergleichsweise gesprochen, erst im Beginne seiner Entwicklung; dies zeigt sich auch in einer Eigentümlichkeit seines anatomischen Baus: Es hat eine quergestreifte Muskulatur, wie sie sonst nur bei jenen Muskeln anzutreffen ist, die der Mensch heute willkürlich betätigen kann. Das Herz ist also dazu veranlagt, einst willkürlicher Muskel zu werden, und wird seine Vollendung (wenn auch nicht mehr in physisch-materieller Form) erst während der Evolutionsphase des Vulkan-Planeten erfahren. Um solche «Zeitgeheimnisse des physischen Leibes» hat man in Hybernia offensichtlich gewusst. Schon dieses Wissen allein deutet auf einen Zusammenhang der hybernischen Mysterien mit dem großen Eingeweihten in die «Geheimnisse des physischen Leibes» hin.

20 Siehe dazu: Margarete und Erich Kirchner-Bockholt, *Die Menschheitsaufgabe Rudolf Steiners und Ita Wegman*. Dornach, 2. Aufl. 1982.

21 Zum Zusammenhang der Garibaldi-Individualität mit den hybernischen Mysterien und dem Elsass siehe die Ausführungen R. Steiners am 23. März 1924 (GA 235) und am 5. April 1924 (GA 239). – Das Elsass ist andererseits auch mit den Ursprüngen der Gralslegende verbunden.

22 Vortrag vom 1. Juni 1907, in: *Zur Geschichte und aus den Inhalten der ersten Abteilung der Esoterischen Schule 1904-1914*. GA 264. – Viel tiefer begründet wird dieser Zusammenhang im Vortrag vom 31. August 1909. Siehe zu diesem Themenkreis auch: George Adams, *Das Rosenkreuzertum als Mysterium der Trinität*. Stuttgart 1981. Vgl. Anm. 34.

23 Zitiert aus: *Indianerleben 1988*. Kiel 1988.

24 Siehe: *Innere Entwicklungsimpulse der Menschheit*. Dornach 1964, GA 171.

25 Aus einem schriftlichen Konzept Ita Wegmans für eine Gedenkansprache in London.

26 Es handelt sich um unveröffentlichte Aufzeichnungen, die E.C. Merry wenige Wochen nach Dunlops Tod niedergeschrieben hat.

27 Auch in der Gestalt eines neuzeitlichen Rosenkreuzers erschaute E.C. Merry D.N. Dunlop gelegentlich, was insofern von Interesse ist, als, in ganz anderer Art als im «großen» Westen, alte Tao-Weisheit auch innerhalb der Rosenkreuzerströmung bewahrt wurde (Eleanor C. Merry, *Erinnerungen an Rudolf Steiner und D.N. Dunlop*. Basel 1992, S. 44).

28 *Letters from AE*. Herausgegeben von Alan Denson, London/New York/Toronto 1961, S. 18 ff.

29 Siehe Rudolf Steiners Vortrag «Das Geheimnis des Doppelgängers. Geographische Medizin» vom 16.

November 1917, in: *Individuelle Geistwesen und ihr Wirken in der Seele des Menschen*. GA 178.

30 Tagebuchaufzeichnung von W.J. Stein, in modifizierter Form zitiert in GA 264 (siehe Anm. 22), S. 246.

31 Zu Skythianos siehe auch: Thomas Meyer, *D.N. Dunlop – ein Zeit- und Lebensbild*. Basel, 2. Aufl. 1996, S. 354 ff.

32 Veröffentlicht in der Mai-Nummer 1914.

33 Die Formulierung «der gute Engel der Menschheit» ist in folgender Hinsicht bemerkenswert: Am 2. Mai 1913 – also ein knappes Jahr vor Dunlops mystischem Erlebnis – führte Rudolf Steiner in einem Londoner Vortrag aus, wie sich das Christus-Wesen nach seiner dreijährigen Offenbarung in dem Leibe des Jesus von Nazareth in der auf das Mysterium von Golgatha folgenden Zeit offenbarte: «Ebenso wie sich der Erlöser der Welt während der drei Jahre nach der Jordantaufe in einem menschlichen Leibe offenbarte, obgleich dieses Christus-Wesen von so außerordentlicher Hoheit war, *so offenbart es sich seit jener Zeit in direkter Weise als ein Engelwesen*, ein geistiges Wesen, welches eine Stufe höher steht als die Menschenwesen. Als ein solches konnte es stets gefunden werden von denen, die hellsichtig waren.» Siehe: *Vorstufen zum Mysterium von Golgatha*. GA 152.

34 Diese für unseren Zusammenhang wichtige Charakterisierung Rudolf Steiners findet sich in einer ungedruckten Archivnachschrift von einem am 3. Dezember 1905 in Düsseldorf gehaltenen Vortrag.

35 Vortrag vom 1. Juni 1907, GA 264. – Es sei nochmals daran erinnert, dass neben der hier charakterisierten Empfindungsbrücke auch in der die moderne Geisteswissenschaft vorbereitenden Rosenkreuzerströmung

atlantische Weisheit «bewahrt» wurde, in einer dem heraufziehenden naturwissenschaftlichen Denken gemäßen Form. Im Sinne dieser rosenkreuzerischen Aufgabe, die entwicklungsgeschichtliche Kontinuität vom alten Schauen zum modernen Denken zu wahren, sollte das Rosenkreuz nicht allein mit den ihm beigesellten Rosen vorgestellt werden, sondern – entsprechend der von Rudolf Steiner aufgeschlüsselten Etymologie des lateinischen Ausdrucks «ros» – mit Tauperlen auf diesen Rosen ...

36 Siehe: *Eurythmie als sichtbarer Gesang.* Vortrag vom 23. Februar 1924, GA 278.

37 Zum musikalischen Aspekt des Tao siehe auch Hermann Pfrogner, *Tao, ein Vermächtnis.* Schaffhausen o.J., sowie Friedrich Oberkogler, *Die Zauberflöte,* Schaffhausen 1982. In seiner Werkbetrachtung weist Oberkogler darauf hin, dass das Hauptthema der Ouvertüre genau jenen Intervallschritten entspricht, die Rudolf Steiner für den vierstufigen Tao-Klang angegeben hat. Auch im Namen des eigentlichen Helden dieser Einweihungs-Oper kann der Tao-Laut wiedergefunden werden, was insoferne höchst sinnvoll ist, als *Tamino* die allerstärksten Ich-Kräfte wachrufen muss, um die verschiedenen Prüfungen, denen er unterworfen wird, siegreich bestehen zu können.

38 Vortrag vom 29. Mai 1913 in Helsingfors, enthalten in: *Die okkulten Grundlagen der Bhagavad Gita.* GA 146.

39 Diese Scheu zu überwinden gibt Rudolf Steiner als die vierte «Regel» einiger weiterer Regeln in Fortsetzung der «Allgemeinen Anforderungen» an, «die ein jeder an sich selbst stellen muss, der eine okkulte Entwickelung durchmachen will». Siehe: *Anweisungen für eine esoterische Schulung.* GA 245, 5. Aufl. 1979, S. 15 ff.

40 Rudolf Steiner, *Weltsilvester und Neujahrsgedanken*. GA 195.

41 Insofern die alte Hellsichtigkeit im reinen, sinnlichkeitsfreien Denken, wie es heute jedermann ausbilden kann, fortlebt, hat die Aufgabe des Skythianos, alte Hellsichtigkeit «für spätere Zeiten» zu bewahren, ihre Erfüllung gefunden. Diese «späteren Zeiten» sind in unserer heutigen Zeit angebrochen, in der jedermann über das Hellsehen des Denkens wiederum Zugang finden kann zu den übersinnlichen Weltbereichen. Wer, auch bevor er konkrete übersinnliche Wahrnehmungen hat, Übersinnliches in reinen Begriffen denkt, wird zum selbständigen Fortsetzer dieses Elementes der einstigen Skythianos-Mission. Infolgedessen wird von heute an das zweite Element der Mission dieses Eingeweihten mehr und mehr in den Vordergrund treten: «das zu lehren, was von Ewigkeit zu Ewigkeit waltet», wie Rudolf Steiner dieses Element am 31. August 1909 charakterisierte. Skythianos wird eine spirituelle Tierkreis-Kosmologie zu lehren und dadurch ein kosmologisches Verständnis des Christentums zu vertiefen haben.

42 Bereits in Rudolf Steiners philosophischer Erstlingsschrift, den *Grundlinien einer Erkenntnistheorie der Goetheschen Weltanschauung*, lesen wir, «dass das Denken das Wesen der Welt ist und dass das individuelle menschliche Denken die einzelne Erscheinungsform dieses Wesens ist.» Siehe: GA 2, Kap. 13, «Das Erkennen».

43 In der Abstraktheit resp. «Herabgelähmtheit» der Ideen ist alles Real-Kraftende aus ihnen gewichen. In dieser Form allein, in der sie heute im reinen Denken zunächst erfasst werden, kann der Mensch sein Frei-

heitsbewusstsein finden; gerade weil sie kein Eigenkraftendes geltend machen, was zum Beispiel von Gefühls- und Willensimpulsen keineswegs gesagt werden kann. – Zum Herablähmungsvorgang siehe auch Rudolf Steiners Buch *Von Seelenrätseln*, GA 21, Kap. «Von der Abstraktheit der Begriffe».

Bereits für jene Scholastiker, die im Gegensatz zum Nominalismus den Begriffsrealismus vertraten, war es klar, dass die Inhalte der abstrakten Begriffe (universalia post rem) dem Wesen oder der Substanz nach mit den in den Dingen wirkenden oder tätigen Begriffen (universalia in re) identisch sind und nur – damit im Menschen ein Freiheitsbewusstsein möglich werde – im menschlichen Bewusstsein in einem anderen, nicht-lebendigen Formzustand auftreten. Der Begriff ist formaliter im Subjekt, fundamentaliter im Objekt begründet verankert, sagte ein solcher Scholastiker. Mit modernen Worten: Die Begriffsinhalte sind universelle Weltinhalte, die Form, in der sie im menschlichen Bewusstsein auftreten, ist durch die Entwicklungsbedingungen des Menschen selbst, das heißt durch seine Veranlagung zu einem freien Wesen, begründet. – Zur Entwicklungsgeschichte des menschlichen Bewusstseins, die in der Neuzeit zum abstrakten Freiheitsbewusstsein führte, siehe auch die Michael-«Sendschreiben» in: *Anthroposophische Leitsätze*. GA 26.

44 Zu dieser individuellen Bemühung des heutigen Menschen, die abstrakt gewordenen Gedanken wieder zu verlebendigen, wird ihm durch den Zeitgeist Michael die kosmisch-konstitutionelle Grundlage gegeben, insofern es nach Rudolf Steiner «Michaels Sendung ist, in der Menschen Äther-Leiber die Kräfte zu bringen, durch die die Gedanken-Schatten wie-

der Leben gewinnen». Siehe «Der vor-michaelische und der michaelische Weg», in *Anthroposophische Leitsätze*. GA 26.

45 Dieser Satz findet sich in der Schrift *Ein Weg zur Selbsterkenntnis des Menschen*. GA 16, Kap. «Von dem Vertrauen, das man zu dem Denken haben kann».

46 In seinem 1924 erschienenen Aufsatz «Von der intuitiven Erkenntnis» fügt W. J. Stein die Antwort Rudolf Steiners auf seine Frage nach diesem «Urwesen» in folgendem Wortlaut ein: «Das ist eine Art Gruppenseele der Menschheit, das ist der älteste der Archai, der eben auf dem Weg ist, ein Geist der Form zu werden.» Siehe: Th. Meyer (Hg.), *W. J. Stein/Rudolf Steiner – Dokumentation eines wegweisenden Zusammenwirkens*. Dornach 1985, S. 284.

47 Vortrag vom 2. Januar 1906 in Berlin, enthalten in: *Die Tempellegende und die Goldene Legende*. GA 93.

48 Über Keely und seine Erfindung hat sich Rudolf Steiner verschiedentlich geäußert, zum Beispiel am 20. Juni 1916 sowie am 1. Dezember 1918 (siehe GA 169 und GA 186).

49 In Rudolf Steiners *Mysteriendramen* (GA 14) ist die Gestalt des Strader einer technischen Erfindung auf der Spur, die nach ähnlichen Prinzipien wie der Keely-Motor – nach dem Gesetz des Zusammenklanges bestimmter Schwingungen – arbeiten soll. – Siehe dazu: Hans Kühn, «Vom Strader-Apparat», in: *Mitteilungen aus der anthroposophischen Arbeit in Deutschland,* Nr. 98, 1971; H. Knobel, *Zur Stradermaschine,* a.a.O., Nr. 100, 1972; *Beiträge zur Rudolf Steiner Gesamtausgabe,* Nr. 107 (1991); Beiträge von Paul Emberson, Ehrenfried Pfeifer, W. J. Stein in: *Der Europäer,* Jg. 1, Nr. 6 (April 1997) und von Christoph Podak, a.a.O., Jg. 7, Nr. 5 (März

2003); Th. Meyer (Hg.), *Ehrenfried Pfeiffer – ein Leben für den Geist*, Basel 3. Aufl. 2003, S. 7f.

50 Basel 1987.

51 John Heider, *Tao der Führung. Laotses Tao Te King für eine neue Zeit.* Basel 1988.

52 Hwang-Weu-Li, *Das Tao-Kochbuch*. München 1984.

53 Fritjof Capra, *Das Tao der Physik. Die Konvergenz von westlicher Wissenschaft und östlicher Philosophie*. 9., erw. Aufl. Bern/München/Wien, 1984.

54 F. Capra, op. cit. S. 7f.

55 Rudolf Steiner, *Die okkulte Bewegung im 19. Jahrhundert und ihre Beziehung zur Weltkultur*. GA 254, Vortrag vom 25. Oktober 1915. Im Anschluss an die zitierte Passage lesen wir im selben Vortrag: «Darin liegt ein wichtiges Geheimnis, das derjenige, der sich für Geisteswissenschaft interessiert, erkennen soll. Die Menschen müssen sich bestreben, gegen die Zukunft hin ihren Verstand individuell, richtig individuell handhaben zu lernen, ihren Verstand nicht unbewacht zu lassen; ja, ja niemals ihren Verstand unbewacht zu lassen. Das ist sehr notwendig, und es ist gut, wenn man weiß, in wie schönen, starken, vollen Worten Ahriman an die Menschen herantritt und versucht, wenn es auch der Mensch sich nicht gefallen lassen will, aber wie doch Ahriman versucht, den Menschen den Verstand – verzeihen Sie den Ausdruck – wie die Würmer aus der Nase herauszuziehen.» – Vgl. auch das zwölfte Bild des Mysteriendramas *Der Seelen Erwachen*.

56 Rudolf Steiner, *Soziales Verständnis aus geisteswissenschaftlicher Erkenntnis*. Dornach, 2. Aufl. 1983, GA 191.

57 In dem Werk *Von Seelenrätseln* (GA 21) stellt Steiner im Kapitel «Von der Abstraktheit der Begriffe» fest: «Wer

glaubt, ein schauendes Bewusstsein ohne das tätige, gesunde Bewusstsein entwickeln zu können, der irrt gar sehr. Es muss sogar das gewöhnliche Bewusstsein das schauende Bewusstsein in jedem Augenblicke begleiten, weil sonst dies letztere Unordnung in die menschliche Selbstbewusstheit und damit in das Verhältnis des Menschen zur Wirklichkeit brächte.»

58 Bereits Rudolf Steiners *Philosophie der Freiheit* zeigt (im 9. Kap.), dass die Verwirklichung des Ich als das dem Menschen eingeborene Urgesetz seines Wesens durch ihn selbst zu vollziehen ist. «Jedes Wesen hat seinen eingeborenen Begriff (das Gesetz seines Seins und Wirkens); aber es ist in den Außendingen unzertrennlich mit der Wahrnehmung verbunden und nur innerhalb unseres geistigen Organismus von dieser abgesondert. Beim Menschen selbst ist Begriff und Wahrnehmung zunächst tatsächlich getrennt, um von ihm ebenso tatsächlich vereinigt zu werden.» Mit anderen Worten: Das Urgesetz seines Ich ist dem Menschen (von den Geistern der Form) verliehen worden; dieses Gesetz in allen seinen Lebensäußerungen mehr und mehr zur Erscheinung zu bringen bleibt ihm selbst überlassen.

59 Wie die Tätigkeit des reinen Ich innerhalb des reinen universellen Denkens das von Rudolf Steiner als «Geistselbst» bezeichnete Wesensglied auszubilden beginnt, so wird das ich-durchdrungene, das heißt überpersönliche Fühlen und Wollen den «Lebensgeist» und den «Geistesmenschen» zur Erscheinung bringen. (Vgl. dazu auch den Vortrag vom 9. Februar 1905, in GA 53.) Diese Arbeit des Ich innerhalb von Denken, Fühlen und Wollen bewirkt zugleich auch eine Umwandlung der mit diesen drei Seelentätigkeiten verbundenen drei Leibeshüllen, die höhere Wesenhei-

ten dem Menschen im Laufe der Evolution als sein dreifaches «Ich-Vehikel» zubereitet haben: Durch das gereinigte Denken wird der Astralleib, durch das gereinigte Fühlen der Ätherleib und durch das gereinigte Wollen der physische Leib des Menschen durch seine eigene Tätigkeit auf eine höhere Stufe gehoben. Deshalb kann das Geistselbst auch als umgewandelter Astralleib, der Lebensgeist als umgewandelter Ätherleib und der Geistesmensch als umgewandelter physischer Leib bezeichnet werden (siehe u.a. *Die Geheimwissenschaft im Umriss*. GA 13, Kap. «Wesen der Menschheit»).

Der Geistesmensch als zunächst höchstes Wesensglied der menschlichen Individualität wurde bereits neben dem physischen Leibe auf dem alten Saturn veranlagt; er wird auf dem Vulkanplaneten seine Vollendung erfahren. Auch in dieser Hinsicht gilt das Evangelienwort: «Die Letzten werden die Ersten und die Ersten die Letzten sein.»

60 *Theosophie. Einführung in übersinnliche Welterkenntnis und Menschenbestimmung*. GA 9.

61 Siehe: *Anthroposophische Leitsätze*. GA 26, «Der vormichaelische und der michaelische Weg».

62 Siehe: Rudolf Steiner, *Das Ereignis der Christus-Erscheinung in der ätherischen Welt*. GA 118.

Thomas Meyer

**D.N. Dunlop –
ein Zeit-
und Lebensbild**

Mit einem Nachwort
von Owen Barfield

D.N. Dunlop (1868–1935), Freund von u.a. W.B. Yeats, Rudolf Steiner, Ita Wegman und Ludwig Polzer-Hoditz, begründete 1924 die «World Power Conference», die noch heute als «World Energy Congress» existiert; er rief die theosophischen Sommerschulen ins Leben, leitete mit Mabel Collins einen theosophischen Zweig und war bis zu seinem Ausschluss aus der Anthroposophischen Gesellschaft (1935) deren englischer Generalsekretär.

2., erw. Auflage, 480 S., 25 Abb., brosch., sFr. 47.– / € 27.50,
ISBN 3-907564-22-7

Mabel Collins

Light on the Path
Licht auf den Weg

Zweisprachige Ausgabe, mit den Kommentaren Rudolf Steiners

Herausgegeben und mit einem Nachwort versehen von Thomas Meyer

Dieses Büchlein der englischen Okkultistin und Schriftstellerin Mabel Collins (1851–1927) wurde von R. Steiner hoch geschätzt.
Seine zahlreichen Kommentare, vor allem aus dem Jahre 1904, bezeugen es. Die Übersetzung von Baron von Hoffmann ist ein sprachliches Meisterwerk.

2. Auflage, 134 S., geb., sFr. 29.– / € 17.50, ISBN 3-907564-34-0

Aktuelle Informationen (Gesamtverzeichnis usw.) entnehmen Sie bitte der Zeitschrift *Der Europäer* oder den Internet-Seiten des Perseus Verlags Basel unter «www.perseus.ch».

Mabel Collins

**Geschichte des Jahres
The Story of the Year**

Zweisprachige Ausgabe, mit den Kommentaren Rudolf Steiners

Herausgegeben und mit einem Nachwort versehen von Thomas Meyer

Dieses von R. Steiner hochgeschätzte kleine Werk ist ein Vorläufer seines «Seelenkalenders» und seiner großen Imaginationen der Festeszeiten.
Die Ausgabe ist ergänzt durch eine Würdigung Steiners aus dem Jahre 1905, eine Betrachtung von W. J. Stein zu den *Zwölf heiligen Nächten* und einem bisher unveröffentlichten Vortrag Michael Bauers.

150 S., geb., sFr. 29.80 / € 17.80, ISBN 3-907564-35-9

Aktuelle Informationen (Gesamtverzeichnis usw.) entnehmen Sie bitte der Zeitschrift *Der Europäer* oder den Internet-Seiten des Perseus Verlags Basel unter «www.perseus.ch».